史記

藏在史记细节里的谜

赵震 著

新世界出版社

图书在版编目（CIP）数据

藏在史记细节里的谜 / 赵震著 . -- 北京 : 新世界
出版社 , 2023.10
　　ISBN 978-7-5104-7748-5

Ⅰ . ①藏… Ⅱ . ①赵… Ⅲ . ①《史记》—研究 Ⅳ .
①K204.2

中国国家版本馆 CIP 数据核字 (2023) 第 179829 号

藏在史记细节里的谜

作　　者：赵　震
责任编辑：刘　颖
责任校对：宣　慧　张杰楠
责任印制：王宝根
出　　版：新世界出版社
网　　址：http://www.nwp.com.cn
社　　址：北京西城区百万庄大街 24 号（100037）
发 行 部：(010)6899 5968（电话）　(010)6899 0635（电话）
总 编 室：(010)6899 5424（电话）　(010)6832 6679（传真）
版 权 部：+8610 6899 6306（电话）nwpcd@sina.com（电邮）
印　　刷：天津光之彩印刷有限公司
经　　销：新华书店
开　　本：880mm×1230mm　1/32　尺寸：145mm×210mm
字　　数：230 千字　　　　印张：10
版　　次：2023 年 10 月第 1 版　2023 年 10 月第 1 次印刷
书　　号：ISBN 978-7-5104-7748-5
定　　价：58.00 元

目　录

| 第三章 | 兵器篇

第一章　军事篇

古代的心理战可以有多可怕？

> 元年，吴王阖庐闻允常死，乃兴师伐越。越王勾践使死士挑战，三行，至吴陈，呼而自刭。吴师观之，越因袭击吴师，吴师败于檇李，射伤吴王阖庐。（《史记·越王勾践世家》）

01

越王勾践元年（公元前496年），吴王阖庐听说越国国君允常死了，趁机发兵讨伐越国。越王勾践派遣敢死勇士向吴军挑战，勇士们排成三行，冲入吴军阵地，大呼着自杀而死。吴军士兵看得目瞪口呆，越军趁机发动袭击，在檇李大败吴军，还射伤了吴王阖庐（一作阖闾）。

让这么多死士去敌人那里自杀，场面堪称恐怖，司马迁是否记叙有误？应该没有，因为在《左传》和《史记》中，还有另外两段与开篇引文内容基本相同的记录：

吴伐越。越子句践御之，陈于槜李。句践患吴之整也，使死士再禽焉，不动。使罪人三行，属剑于颈，而辞曰："二君有治，臣奸旗鼓，不敏于君之行前，不敢逃刑，敢归死。"遂自刭也，师属之目，越子因而伐之，大败之。（《左传·定公十四年》）

十九年夏，吴伐越，越王句践迎击之槜李。越使死士挑战，三行造吴师，呼，自刭。吴师观之，越因伐吴，败之姑苏，伤吴王阖庐指，军却七里。吴王病伤而死。（《史记·吴太伯世家第一》）

这三段文字都讲了同一件事：吴越之战时，勾践组织了一支特殊队伍，并派他们去到吴军阵前，列阵成三行，但不进攻，而是大声呼喊着一个个自杀在阵前，自杀的方式是"刭"，近乎割喉，相当惨烈。唯一不同之处在于，《史记》中被称为死士的敢死队成员，到了《左传》中却成了罪人身份。我以为《左传》不如《史记》可信，因为按照以往的例子，罪人为了活命常会临阵投降或者四处逃散，唯独没有这么强的决心和勇气自刭赴死：

吴子以罪人三千，先犯胡、沈与陈，三国争之。吴为三军以系于后，中军从王，光帅右，掩余帅左，吴之罪人或奔或止，三国乱。（《左传·昭公二十三年》）

况且《左传》中还记录了他们死前的一番慷慨陈词，那些话哪里像是罪人能说出来的？

若果真如《史记》所讲，勾践派出的是一队死士，他又是从哪里找来这么多人的呢？

通常来说，古代的死士大多是江湖侠客，他们或为了荣华富贵，或为了报知遇之恩，甘愿为王侯贵族卖命，去执行突击、暗杀等任务。如《史记·刺客列传》中的专诸、聂政等人，都属于某种意义上的死士。而从史书的记载上看，王侯贵族们召集死士的人数并不固定，可以是一人、三人、五人、十余人，也可以像勾践这样一次就组织起一大批。

普通的死士大多是招募而来的，招募死士的花费高低不一，历史上甚至有倾尽家财来招募供养死士的：

诞既与玄、飑等至亲，又王凌、毌丘俭累见夷灭，惧不自安，倾帑藏振施以结众心，厚养亲附及扬州轻侠者数千人为死士。（《三国志·魏书·诸葛诞传》）

而《宋史》中的一份记录更为详细：

募敢死士，人千银，得士五千，将夹攻。（《宋史·吴玠传》）

每个人发放千两银，如此召集了五千人，这个费用十分惊人。而勾践使用的死士能列为三行，可见规模不小，招募所耗费的钱财也一定不是个小数字。

招募来了死士，由死士们组成的队伍其实就是如今我们所说的"敢死队"。这支队伍需要去完成战争中最艰难、最危险的任务，即便不能完成，也要抱着同归于尽的心态去消耗敌人的有生力量。

十一曰死士，谓众军之中有材智者，乘于战车，前后纵横，出奇制敌也。（《尉缭子》）

死士不畏死，他们一早就有了有去无回的觉悟，可这样一支势必无畏悍勇的队伍，勾践却没有将其用于攻坚，而是让他们到敌军阵前大呼大喊，将敌人的注意力吸引过来后一个个自杀。他为什么要这样做？因为他要打一场心理战。

"心理战"这一概念源自西方，但我国古代早已有了类似的兵学术语——心战，其内涵和现代心理战并无大的不同，都指敌对双方为赢得胜利而进行的心理上的角逐和较量。

战国时，齐国军师孙膑就曾向齐威王建议说："凡伐国之道，攻心为上，务先服其心。"所谓"攻心"，就是对敌人心理的进攻。《三国志·蜀志·马谡传》中也有言：

用兵之道，攻心为上，攻城为下；心战为上，兵战为下。

这应该是史料中首次明确出现"心战"一词。

在概念之外，中国古代兵家还提出了心战的具体执行方式：

爪牙五人，主扬威武，激励三军，使冒难攻锐，无所疑虑；羽翼四人，主扬名誉，震远方，摇动四境，以弱敌心；游士八人，主伺奸侯变，开阖人情，观敌之意，以为间谍；术士二人，主为谲诈，依托鬼神，以惑众心。（《六韬》）

所有这些行动，针对的目标其实都是敌方的士气。拿破仑就曾说："一支军队的实力，四分之三是由士气构成的。"可见不论中外，军事谋略家们都认可士气是一种很重要的心理力量，它可以明显影响到一支军队的战斗力，进而影响战斗结果。

在特定的战争时空中，军队的人员素质、武器装备配备、教育训练水平和编制体制构成等总是恒定的，不会出现非常显著的变化。而作为战斗力构成主体要素的人，却能因为精神状态、情绪体验、意志表现等诸多因素的影响，在短暂时间内表现出极大的不同。士气高昂，作战主体在战争中就会充分显示出一种精神上的优势，就会表现出不畏艰难、不怕牺牲、机智灵活和高度的组织纪律性，就会发挥出超常的效力，即使在失利和退却的情况下也不会失去战斗力和对胜利的信心。相反，士气低落，则会产生被动作战、意志薄弱、逃避战斗的减力效应。（李彦博：《军队士气的概念、特征及其作用研究》，《三峡大学学报》2009年12月第31卷）

在中国古代的兵家心战思想中，士气更是十分重要：

夫战，勇气也。一鼓作气，再而衰，三而竭，彼竭我盈，故克也。（《左传·庄公十年·曹刿论战》）

气实则斗，气夺则走。（《尉缭子·战威》）

他们认为士气甚至可以直接决定战斗结果，由此总结出了两大心战策略：激气与夺气。所谓"激气"，就是通过各种手段激励己方军队的士气，而"夺气"则是运用各种手段和途径削弱敌军的士气，涣散其军心，消糜其斗志，使其厌战、怠战，直至放下武器投降，彻底被摧垮。

是故百战百胜，非善之善也；不战而屈人之兵，善之善者也。（《孙子兵法》）

03

详细而言，心战可以有如下五种主要手段。

第一种，怀柔。

这是古代常用的攻心策略，需要己方表现出以德服人、绥怀远近的态度，以此来瓦解对方的斗志。需要注意的是，怀柔的实质是政治攻心战，所谓文事武备，要想采取这种策略，就一定要先拥有绝对的实力。

外黄不下。数日，已降，项王怒，悉令男子年十五已上诣城东，欲坑之。外黄令舍人儿年十三，往说项王曰："彭越强劫外黄，外黄恐，故且降，待大王。大王至，又皆坑之，百姓岂有归心？从此以东，梁地十余城皆恐，莫肯下矣。"项王然其言，乃赦外黄当坑者。东至睢阳，闻之皆争下项王。（《史记·项羽本纪》）

在这个例子里，项羽已经打下了城池，对其拥有了绝对的控制权，然后才采纳建议，通过赦免城中人的方式告诉其他还未降服的城池，抵抗则死，顺服则生。

正因有了绝对实力，在怀柔之后，项羽才能兵不血刃、轻而易举地达到目的。而与项羽相比，刘邦的实力就要弱很多了，正因如此，张良才不建议他怀柔：

曰："昔者汤伐桀而封其后于杞者，度能制桀之死命也。今陛下能制项籍之死命乎？"曰："未能也。""其不可一也。武王伐纣封其后于宋者，度能得纣之头也。今陛下能得项籍之头乎？"曰："未能也。"（《史记·留侯世家》）

第二种，欺骗。

自古兵不厌诈，诡道制敌。在战场上，讲究的是虚而实之、实而虚之、实而实之、虚而虚之、虚虚实实、虚实结合。人们要利用各种手段从心理上欺骗、误导敌人，使之决策失误，以达到攻其心、夺其气、乱其谋的目的。

韩信乃夜令人为万余囊，满盛沙，壅水上流，引军半渡，击龙且，详不胜，还走。龙且果喜曰："固知信怯也。"遂追信渡水。信使人决壅囊，水大至。龙且军大半不得渡，即急击，杀龙且。（《史记·淮阴侯列传》）

韩信假装打不过，败走，误导了龙且的决策。龙且被骗，进行追击，结果大败——这就是"攻心"的胜利。

第三，离间。

离间，就是通过伐谋攻心、伐交分化、挑拨离间等手段使敌人军心离散，出现内乱，未战而先溃，为之后己方的出兵创造有利机会。这是对人性最大限度的利用：

陈平既多以金纵反间于楚军，宣言诸将钟离昧等为项王将，功多矣，然而终不得裂地而王，欲与汉为一，以灭项氏而分王其地。项羽果意不信钟离昧等。（《史记·陈丞相世家》）

第四，绝恃。

"恃"是凭借之意，"绝恃"即摧毁敌方军队所依靠的核心——没有什么比这更能打击敌人的作战意志了。夺将帅之心，从而造成敌军心大乱；绝敌粮道、毁其物资，使敌人失去后勤补给；以情攻心，针对敌方将士的心理弱点，从其感情上寻找突破口；绝其外援，切断敌人与外界的联系，使之陷入绝望的心理状态……这些都是"绝恃"在战场上的运用。

至于例子，四面楚歌是最为人熟知的。而在两晋时期，刘琨也对

"绝恃"做出了很好的运用:

> 在晋阳,常为胡骑所围数重,城中窘迫无计,琨乃乘月登楼清啸,贼闻之,皆凄然长叹。中夜奏胡笳,贼又流涕歔欷,有怀土之切。向晓复吹之,贼并弃围而走。(《晋书·刘琨传》)

在围困中,刘琨用胡笳之声鼓动起胡人的思乡之情,最后瓦解了他们斗志,让他们撤兵而去,化解了一场危机。

第五种,威慑。

威慑的方式也有很多,其中一种方法是给对方施加压力,造成其心理上的恐惧感,破坏其心理平衡,使其感到即将面临无法承受的后果,并因此丧失斗志。

要想达到这个效果,需要以军事实力为后盾,全面展示自己的实力:

> 近者奉辞伐罪,旌麾南指,刘琮束手。今治水军八十万众,方与将军会猎于吴。(《三国志·吴书·吴主传》注引《江表传》)

赤壁之战前夕,曹操挥师东进时写信给孙权,说自己率领八十万众准备南下进攻。曹操的威慑给孙权集团造成了极大的麻烦,后者对是战是和争论不休,一度影响了孙权与刘备联合抗曹战略的推进。

另一种威慑的办法则是攻敌无备,使敌心惊,以此强烈震撼敌人心理,进而瓦解其士气,使其丧失斗志:

田单乃收城中得千余牛，为绛缯衣，画以五彩龙文，束兵刃于其角，而灌脂束苇于尾，烧其端。凿城数十穴，夜纵牛，壮士五千人随其后。牛尾热，怒而奔燕军，燕军夜大惊。牛尾炬火光明炫耀，燕军视之皆龙文，所触尽死伤。五千人因衔枚击之，而城中鼓噪从之，老弱皆击铜器为声，声动天地。燕军大骇，败走。（《史记·田单列传》）

没有经过训练的牛，战斗力能有几何呢？此处牛的作用只是出其不意，达到震撼效果，扰乱敌军心理，等敌方士气一散，田单趁机出动，便可锁定胜局。

勾践利用死士自杀于阵前的做法，就属于威慑的一种。此法是此前从未有过的，所以征战多年、勇猛异常的吴军震惊、讶异、惶惑皆有，一时间呆住了。虽然这种震撼不会一直持续下去，只需过一会儿他们就会从震惊中回过神来，但勾践要的就是这稍纵即逝的难得一刻。

《孙膑兵法·将失》有云："众恐，可败也。"一旦人陷入惊恐的状态之中，必定只图自保，想要逃跑，而情绪是具有感染性的，个体的情绪会对群体的心理产生牵动与感染。勾践在吴军怔愣时发起进攻，吴军被打得措手不及，战败的恐慌迅速感染整个军队，吴王阖庐也无法止住溃败之势，只能兵败如山倒。

勾践是用心战赢得了胜利。能将心战运用得如此极端，手段如此可怕，可以预见他日后的王者之路将是如何血雨腥风了。

李牧如何用步兵大破匈奴骑兵？

匈奴小入，佯北不胜，以数千人委之。单于闻之，大率众来入。李牧多为奇陈，张左右翼击之，大破，杀匈奴十余万骑。灭襜褴，破东胡，降林胡，单于奔走。其后十余岁，匈奴不敢近赵边城。（《史记·廉颇蔺相如列传》）

01

李牧大破匈奴的事迹被记录在《史记·廉颇蔺相如列传》中，此战在中国古代军事史上相当有名，可惜《史记》中关于它的细节特别少，正面描写就只一句："李牧多为奇陈，张左右翼击之，大破杀匈奴十余万骑。"而这只能算是对战术运用的记录，对于战场地形情况、临敌时的指挥变化、匈奴骑兵的战斗情况等的记录全都缺失。后世史书也没有更多细节补充，哪怕《资治通鉴》也与《史记》基本一致，只在被李牧舍弃的人数上有些许偏差：

匈奴小入，佯北不胜，以数十人委之。单于闻之，大率众来入。李牧多为奇陈，张左右翼击之，大破之，杀匈奴十余万骑。（《资治通鉴·秦纪》）

"委"就是"弃"的意思。也许是司马光读过另外的《史记》抄本，又或者他认为用几千人诱敌实在太夸张，把"数千人"当作了"数十人"的抄写讹误，所以才改"千"为"十"，但无论如何，对于战斗的正面描写，他也是同样的一句："多为奇陈，张左右翼击之。"

仅看司马迁和司马光的字面意思，李牧使用的应该是一种两翼对进、对敌合围的战术，他安排在左、右翼的两支部队可以如螃蟹捕食时挥舞的钳子一般将敌军困住，最后聚而歼之。

李牧自己并不知道，他的钳形攻势其实与后世总结出的一种教科书般的经典战术——砧锤战术不谋而合。

02

砧锤战术是一种正面牵制与侧翼攻击相配合的战术，而这个名词一般被认为是从古希腊时期马其顿国王亚历山大所指挥的四场著名战役中总结来的。在那四次战役中，亚历山大先以步兵组成密集的长矛方阵（著名的马其顿方阵），然后在侧翼安排骑兵。步兵方阵居于正面，会在与敌人接触的时候如同砧板一样扛住他们的进攻，而骑兵就像铁锤，能够灵活地从侧翼甚至背后猛击敌军。腹背受敌的情况下，敌军很容易陷入混乱，一旦混乱，则败局已定。

在靠阵形作战的时代，砧锤战术是西方优秀将领们必须熟悉的战术体系，而它在亚历山大之后的迦太基主帅汉尼拔手中，又被运用到了一个新的高度。

在被后世誉为歼灭战代名词的坎尼会战中，汉尼拔摆出了一个特别的阵形：他让军队排成半月形，中央突出部分为战斗力较弱的步兵，两翼则是战斗力很强的骑兵和重装步兵。战斗开始，罗马军主力集中攻击汉尼拔的中央步兵，却久攻不下，反而被其牵制。汉尼拔见罗马军已被诱入方阵内，便催动了军阵的两翼。他们先驱赶走罗马军的两翼骑兵，然后迂回至敌阵之后，罗马人就此被合围，并因此付出沉重的代价，几乎全军覆没。

同一时期，中国也有类似砧锤战术的理论总结，只不过不是叫这个名字。比如《六韬·豹韬·突战》中便有这样的段落：

武王问太公曰："引兵深入诸侯之地，与敌人冲军相当，敌众我寡，敌强我弱。敌人夜来，或攻我左，或攻我右，三军震动。吾欲以战则胜，以守则固，为之奈何？"

太公曰："如此者，谓之震寇。利以出战，不可以守。选吾材士强弩，车骑为左右，疾击其前，急攻其后，或击其表，或击其里。其卒必乱，其将必骇。"

面对强大的敌人时令"车骑为左右"，就是将战车和骑兵布置在左右两翼；而正面部队"疾击其前"，就是令他们作为奇兵迅速迂回到敌人的后方进行攻击。如此安排，和亚历山大的战术基本一致。

《百战奇略·步战》记录了这个战术的具体运用方法：

敌攻我一面，则我两哨出兵，从旁以掩之；敌攻我两面，我分兵从后以捣之；敌攻我四面，我为圆阵，分兵四出以奋击之。敌若败走，以骑兵追之，步兵随其后，乃必胜之法。

当敌人攻我一面时，我就从两翼出击，侧袭进攻之敌；当敌人攻我两面时，我就分兵，迂回敌后展开袭击；当敌人攻我四面时，我就列成圆阵，分兵四面奋力阻击；敌人如果败走，我就立即派出骑兵追击，同时令步兵随后跟进。这是步兵对车兵、骑兵作战时的必胜战法。

兵书上记录了这个战法，亲上战场的人也会实际应用这个战法。比如李世民在总结自己的战术时就说：

吾自少经略四方，颇知用兵之要，每观敌陈，则知其强弱，常以吾弱当其强，强当其弱。彼乘吾弱，逐奔不过数十百步，吾乘其弱，必出其陈后反击之，无不溃败，所以取胜，多在此也！（《资治通鉴·唐纪》）

用我军的弱旅抵挡对方的强兵，再以强师击其弱旅，敌军追逐我方弱旅不过走数百步，而我军攻其弱旅一定要迂回突破至其阵后乘势反击。李世民的取胜之道实在和亚历山大异曲同工。

03

不论是在西方还是在中国，不论是叫砧锤战术还是其他，这个战术的要点就是正面的牵制。若在正面无法扛住敌军的进攻，侧翼合围、后方包抄就都成了空谈。知道了这个要点，我们就能推测出李牧破匈奴时是怎样排兵布阵的了。

司马迁对李牧的部队构成有这样一段记叙：

> 边士日得赏赐而不用，皆愿一战。于是乃具选车得千三百乘，选骑得万三千匹，百金之士五万人，彀者十万人，悉勒习战。大纵畜牧，人民满野。（《史记·廉颇蔺相如列传》）

李牧让多兵种协同作战，筹集了战车一千三百辆、骑兵一万三千人、能冲锋陷阵的勇士五万人、弓弩兵十万人。那么这些人要如何排布呢？

依据兵书《六韬》，骑兵有十种胜利方式：

> 敌人始至，行陈未定，前后不属，陷其前骑，击其左右，敌人必走；敌人行陈整齐坚固，士卒欲斗，吾骑翼而勿去，或驰而往，或驰而来，其疾如风，其暴如雷，白昼如昏，数更旌旗，变易衣服，其军可克；敌人行陈不固，士卒不斗，薄其前后，猎其左右，翼而击之，敌人必惧；敌人暮欲归舍，三军恐骇，翼其两旁，疾击其后，薄其垒口，无使得入，敌人必败。敌人无险阻保固，深入长驱，绝其粮路，

敌人必饥；地平而易，四面见敌，车骑陷之，敌人必乱；敌人奔走，士卒散乱，或翼其两旁，或掩其前后，其将可擒；敌人暮返，其兵甚众，其行阵必乱；令我骑十而为队，百而为屯，车五而为聚，十而为群，多设旌旗，杂以强弩；或击其两旁，或绝其前后，敌将可虏。此骑之十胜也。（《六韬·犬韬·战骑》）

总之，骑兵的正确运用方式就是快速移动、快速切入，利用高机动性冲击或扰乱敌军的侧后方防线。所以，李牧军阵中张开的两翼应该就是一万三千人的骑兵部队，或许还混有其他兵种，但主力一定是骑兵，他们就是李牧手中的"锤"。

而正面对敌的"砧"，必须能够扛住匈奴骑兵的骑射、冲锋，所以也要精心布置。依据《六韬》，步兵对阵骑兵时，首先要想办法抵御骑兵的冲击，先守而后攻。有地形就充分利用地形优势，没有的话就要自己结阵来防守：

步兵与车、骑战者，必依丘陵，险阻，长兵强弩居前，短兵弱弩居后，更发更止，敌之车骑，虽众而至，坚阵疾战，材士强弩，以备我后。（《六韬·犬韬·战步》）

步兵、战车、骑兵作战必须依托地形列阵，把长兵器和强弩配置在前面，把短兵器和弱弩配置在后面，轮番战斗，更替休整。这样一来，等敌人的战车和骑兵大量到达时，我方已经布下了坚固阵势，可以快速出击。

这么看来，李牧的战车大军应该就是用于结阵防守的。一千三百乘战车足够结成若干防守圆阵，以成规模的战车集群构筑起坚强的防御阵地。如果在战车前再布置一部分弓弩手（縠者），使"长兵强弩居前，短兵弱弩居后"，则布局更完美。

现在，还没被调动的就是"五万百金之士"了。古人常说能破敌擒将者赏百金，所以"百金之士"即指能破敌擒将的勇士，也就是"篡卒"。《孙膑兵法》中说"兵之胜在于篡卒"，又说"篡卒力上者，所以绝阵取将也"，所以这五万人应该是最后与匈奴人厮杀的主力。他们也会被部署在正面军阵中，持长兵者在前，与弓弩手一起抵御匈奴骑兵的冲锋，持短兵者在后，待匈奴骑兵无法机动时与之近身肉搏。

04

了解过具体部署，我们就可以根据《史记》中的记录，大致推想一下李牧与匈奴作战的过程了。

李牧多为奇陈，张左右翼击之，大破杀匈奴十余万骑。（《史记·廉颇蔺相如列传》）

李牧的军队以步兵为主，策略是防守反击，所以不太可能率先发起进攻。当时的情况应该是这样：匈奴骑兵先冲过来，李牧安排在阵前的弓手箭雨齐发，用弓箭减缓匈奴骑兵的冲锋节奏，然后战车和持长兵器的步兵结阵，挡住匈奴骑兵的第一波冲击。

匈奴骑兵受阻，装备简单的他们无法如后世的重骑兵那样直接冲阵，所以应该会发挥自己在骑射上的优势，在李牧军队排成的防守圆阵外游击，一边游走一边寻找机会。

"李牧多为奇阵"，说明李牧的军队阵形不是一成不变的，而是会随着战机的变化而变化，以应对匈奴骑兵的冲击或游斗。通过这一系列阵形变动，正面的"砧板"就可以成功牵制住匈奴骑兵。

接下来就轮到"张左右翼击之"了。李牧调动两翼的精骑迅速发动攻击，攻击的方位应该是匈奴军队的两个侧翼，这样匈奴人就会受到三个方向的压力，李牧的军队对匈奴渐渐形成三面合围之势。

但这里存在一个问题：李牧安排在两翼的骑兵一共只有不到两万，就算其中混有步兵甚至战车，也未必能对十万匈奴人形成绝对的人数优势，他如何能围困远多于己方的匈奴骑兵呢？

当兵力不占绝对优势时，静态的合围确实很难实现，不过倒是可以在敌我双方的相对运动中完成。如果把中路步兵的适度退却与两翼骑兵的快速突破紧密结合起来，就有可能实现合围的目标。这其中一定有李牧快速而精准的临场指挥，可惜在史书中没有任何线索可寻。

按《史记》所写，张翼合围之后就是"大破杀匈奴十余万骑"了，可实操过程中要想达成这个结果属实不易。

《孙子兵法》说"十则围之"，意思是十倍于敌的时候可以实施围歼。李牧总共只有不到二十万人的兵力，要围住十万匈奴军已经很勉强，防线必然很薄弱。匈奴都是骑兵，如果他们集中力量向一个点猛攻，应该可以冲出包围。所以，李牧必然在完成合围的时候，或者在只是具有合围之势的时候，就配合以其他战术动作了：

合围就是防止敌人突围逃走，割裂才能各个歼灭敌人。割裂必须判断敌人防御体系，寻求其弱点（如敌人接合部、突出部、指挥部、展开态势的间隙、纵长队形与便于我军接近和割裂的地形之类）。运用绝对优势的兵力与火力，施行主要的向心的钳形突击，而使两个突击方向会合于一点。如此不断地割裂敌人成块，而各个歼灭之，就是围攻战斗的要旨。（刘伯承：《论合围钳形攻势》）

张开两翼军队之后，李牧即可迫使本来就组织松散的匈奴骑兵拉长战线，再借助骑兵的高机动性，配合以正面和两侧的攻击，冲散、截断、分割纵长的匈奴队形，从而在局部形成以多围少的优势。一旦分割包围形成，匈奴骑兵的机动空间就会被极大地压缩，骑射的优势无法发挥，也就只能被李牧逐个歼灭了。

05

李牧运用多兵种协同作战，先在正面牵制住匈奴主力，再从两翼展开钳形攻势，对敌人分割包围，近战歼灭，创造了步兵围歼骑兵的经典战例。历史上的诸多著名战役，都有李牧此战的影子：

赵括至，则出兵击秦军。秦军详败而走，张二奇兵以劫之。赵军逐胜，追造秦壁。壁坚拒不得入，而秦奇兵二万五千人绝赵军后，又一军五千骑绝赵壁间，赵军分而为二，粮道绝。（《史记·白起王翦列传》）

秦军将领白起在正面战线建营垒坚守，牵制住赵军主力，而事前派出的两支部队就是悄然挥动的死亡之锤，一支迂回到赵国大军背后，切断其后路，另一支快速机动，楔入赵军的营垒之间，将赵军割裂成两个孤立的部分，同时也堵住了运粮通道。这是长平之战秦军取胜的关键。

到了楚汉相争的时候，战场上依旧少不了砧锤战术。"背水一战"这个成语太过耳熟能详，以至于让人们形成一个认知，似乎韩信是因为背水一战才取得了胜利，其实哪会那样简单？

平旦，信建大将之旗鼓，鼓行出井陉口，赵开壁击之，大战良久。于是信、张耳详弃鼓旗，走水上军。水上军开入之，复疾战。赵果空壁争汉鼓旗，逐韩信、张耳。韩信、张耳已入水上军，军皆殊死战，不可败。信所出奇兵二千骑，共候赵空壁逐利，则驰入赵壁，皆拔赵旗，立汉赤帜二千。赵军已不胜，不能得信等，欲还归壁，壁皆汉赤帜，而大惊，以为汉皆已得赵王将矣。兵遂乱，遁走，赵将虽斩之，不能禁也。（《史记·淮阴侯列传》）

注意这两处细节："赵开壁击之，大战良久。""韩信、张耳已入水上军，军皆殊死战，不可败。"这是正面战线的牵制与对抗，也就是韩信的"砧"。然后韩信挥出了"锤"，也就是迂回到赵军营地大后方拔旗易帜的那两千骑兵。这支骑兵打击的不是赵军的侧翼，而是赵军的心理，军心涣散的赵军终于开始溃败。

到了楚汉决战时，刘邦也在战略层面运用了砧锤战术。他在荥阳、成皋一线的正面战场牵制住项羽，然后派韩信挥军北上，经营北方战线，最后迂回到项羽的侧后方，完成合围。

在几十年后汉与匈奴的漠北决战中，卫青同样使用了砧锤战术。他用武刚车自环为营，结成车阵抵御住匈奴的冲击，再出五千骑兵正面对抗牵制，这是"砧"；又纵左、右翼绕单于，让它们成为两把准备合围匈奴的"锤"：

> 而适值大将军军出塞千余里，见单于兵陈而待，于是大将军令武刚车自环为营，而纵五千骑往当匈奴。匈奴亦纵可万骑。会日且入，大风起，沙砾击面，两军不相见，汉益纵左右翼绕单于。（《史记·卫将军骠骑列传》）

霸王项羽真的缺乏战略意识吗？

　　项王自度不得脱，谓其骑曰："吾起兵至今八岁矣，身七十余战，所当者破，所击者服，未尝败北，遂霸有天下。然今卒困于此，此天之亡我，非战之罪也。"（《史记·项羽本纪》）

01

　　楚汉争霸是一段荡气回肠、极具史诗感的战争历史，这场争斗以西楚霸王项羽的兵败身死为结局。在最后一战中，项羽如是总结自己、总结这场大战的："此天之亡我，非战之罪也。"

　　对项羽的这个说法，司马迁表示不屑：

　　自矜功伐，奋其私智而不师古，谓霸王之业，欲以力征经营天下，五年卒亡其国，身死东城，尚不觉寤而不自责，过矣。乃引"天亡我，非用兵之罪也"，岂不谬哉！（《史记·项羽本纪》）

作为要恪守客观理性立场的史官，直接说出"岂不谬哉"，已经是很严厉的批评了。不唯司马迁，从古至今有大量的论者、研究者都为项羽将自己的失败归因于天感到可笑。他们认为，项羽口中的"天"是虚无缥缈的命运、天命，而感叹"非战之罪"也是逃避责任的表现——他在人生的最后时刻只会怨天尤人，就算走到穷途末路也不承认自己在战略上存在错误。

我认为，项羽英勇是实，善战则应加分析：对于每一场具体战役而言，项羽的确善战；但是，从战争全局，即从战略上看，项羽的善战还值得探讨。（王立群：《王立群读〈读史记〉之项羽》）

项羽在战略上被人诟病最多的，是他在分封天下和定都时做出的选择。这本来应该是项羽人生中最高光的时刻，意味着此刻的他已成为实际上天下最高权力的掌握者，然而他在这两件事上都出现了重大失误。

先说分封。

自立为西楚霸王后，项羽以霸主身份将十八个部将和降将分封为王，他们分别是：汉王刘邦、雍王章邯、塞王司马欣、翟王董翳、西魏王魏豹、河南王申阳、韩王韩成、殷王司马卬、代王赵歇、常山王张耳、九江王英布、衡山王吴芮、临江王共敖、辽东王韩广、燕王臧荼、胶东王田市、齐王田都、济北王田安。

别人暂且不论，但刘邦早项羽两个月入关，按理应被封为关中王，项羽却把他封为汉王，"发配"到偏远巴蜀，转而又把章邯、司马欣、董翳这三位秦朝降将封在了关中秦地。不封刘邦，便落下失约的话柄，在政治上陷入被动；封章邯为雍王，让他把守秦国故地，便给了他重整势力的可能；司马欣、董翳本没有资格封王，如今把他们也封在秦地，一来根本无法服众，二来也容易让秦地人心浮动。这几个选择无论哪个，看起来都存在巨大问题。

再说定都。

项羽在天下初平的时候没有接手秦朝故都，定都于关中，而是一意孤行，选择"王九郡，都彭城"。

人或说项王曰："关中阻山河四塞，地肥饶，可都以霸。"项王见秦宫皆以烧残破，又心怀思欲东归，曰："富贵不归故乡，如衣绣夜行，谁知之者！"说者曰："人言楚人沐猴而冠耳，果然。"项王闻之，烹说者。（《史记·项羽本纪》）

彭城，也就是今天的江苏徐州，位置靠东，定都这里并不利于沟通管理北部和西部的大片土地。对于一心想平定天下的项羽来讲，这个选择可以说并不理智。

02

可是，项羽是战术方面极杰出的将领，在同时代无人可及，要说他没有一点战略眼光，叫人不能相信。所以我们不妨换个方向去分析他的行为。

项羽的志向高远，他从来不想只做一个类似春秋时期的诸侯霸主，而是要做天下的王：

> 秦始皇帝游会稽，渡浙江，梁与籍俱观。籍曰："彼可取而代也。"（《史记·项羽本纪》）

在分封的时候，项羽已经自称"霸王"，达成了部分梦想。说"部分"，是因为天下还未完全稳定：秦地关中，因为项羽曾在这里焚宫室、掠财货，一时民怨四起；西楚国内，楚怀王熊心对权力的争夺之心从未停息，其他地方也不时出现叛乱。

正是在这样的情况下，项羽才选择定都彭城。他要先回西楚稳定大后方的局势，整合力量，等解除了后顾之忧后，再逐一收拾各路诸侯，真正得到天下。

这个目的，从项羽对齐地的处理就能看出。齐地是大后方的动乱因子，因此项羽把齐地一分为三，让原齐王田市到胶东称胶东王，齐将田都在临淄称齐王，过去被秦朝灭掉的齐王田建的孙子田安在博阳称济北王。这一系列动作，显然是人为在齐地制造内部矛盾，让几股势力互相制衡，不能团结，各自为战。此外，赵地和燕地也都被一分为二。

至于威胁最大的刘邦，项羽将之封入消息闭塞、生产落后的巴蜀：

> 项王、范增疑沛公之有天下，业已讲解，又恶负约，恐诸侯叛之，乃阴谋曰："巴、蜀道险，秦之迁人皆居蜀。"乃曰："巴、蜀

亦关中地也。"故立沛公为汉王，王巴、蜀、汉中，都南郑。而三分关中，王秦降将以距塞汉王。（《史记·项羽本纪》）

项羽对秦地三王的分封也有他的道理。关中位置重要，既然自己无法占有，别人当然也不能占有，于是项羽把关中一分为三，分别封给三个秦国降将，在分化秦地势力的同时，也是在用他们制约刘邦。有此三人缓冲，即使刘邦真的出了汉中，也无法迅速东进，项羽在楚地遥为策应，可以从容应对。

项羽尽力削弱了每个诸侯王的实力，且给他们都埋下隐患，这不大可能是一种巧合，而是对于各诸侯之间的关系和日后出击时的需要做了充分考虑。

普鲁士军事理论家克劳塞维茨在《战争论》中对"战术"和"战略"下过定义：

于是就产生两种不同的活动：一种是个别战斗本身的计划和执行；另一种是协调个别战斗之间的关系，以求达到战争的目的。前者称为战术，后者称为战略。

从上述情况看来，项羽做出的应该是比较成熟的战略上的安排了，只可惜没有达到理想效果。

原来，巴蜀早已不是从前的荒芜之地了，相反，在经过大秦帝国的经营后，这里虽偏远，却已经成为重要的战略后勤基地。

巴、蜀、广汉本南夷，秦并以为郡，土地肥美，有江水沃野，山林竹木疏（蔬）食果实之饶。（《汉书·地理志》）

　　这一变化，入咸阳时抢掠美人财宝、焚烧宫室的项羽不知道，早他一步占领咸阳的刘邦集团也只有萧何因为"先入收秦丞相御史律令图书藏之"得以了解。刘邦被封到巴蜀后，以萧何为相，定律令，整户籍，又以韩信为大将军，重申军法，承袭秦制，这才完美地发展了这块后勤基地。之后很快，刘邦命韩信兵分三路，从祁山道、陈仓道、褒斜道出汉中，直面三秦王，仅用数月便平定了三秦：

　　八月，汉王用韩信之计，从故道还，袭雍王章邯。邯迎击汉陈仓，雍兵败，还走；止战好畤，又复败，走废丘。汉王遂定雍地。东至咸阳，引兵围雍王废丘，而遣诸将略定陇西、北地、上郡。（《史记·高祖本纪》）

　　于是汉王大喜，自以为得信晚。遂听信计，部署诸将所击。八月，汉王举兵东出陈仓，定三秦。（《史记·淮阴侯列传》）

　　一着棋差，步步出错，项羽的战略部署就这样破了产。

03

　　刘邦进攻章邯、整合汉中之时，齐地也正发生叛乱，当时项羽面临着又一个战略选择：先攻齐，还是先攻汉？

　　项羽所在地彭城即在今天的江苏，齐地在现在的山东，关中则在如今的陕西。从距离上看，如果项羽西进攻击刘邦，很可能人马还没有走到，齐地的局面就已经不可收拾。齐地一旦统一，作为西楚的大后方，它会直接威胁彭城的安全，届时项羽很可能被东西夹击，腹背受敌，陷入两线作战的困境，所以他选择先定齐地并非战略失误，更不是全如《史记》所说，受了张良的蛊惑：

> 汉使张良徇韩，乃遗项王书曰："汉王失职，欲得关中，如约即止，不敢东。"又以齐、梁反书遗项王曰："齐欲与赵并灭楚。"楚以此故无西意，而北击齐。（《史记·项羽本纪》）

只可惜，这一次项羽正确的战略决策又没能换来对他有利的结果。

兵贵神速，刘邦东出之后没有在关中过多纠缠，而是留下周勃继续主导平定关中的战事，留下韩信围困章邯，他自己则率兵以迅雷之势占据了如今的河南西部地区，建立起战略纵深。然后他一路强攻，势如破竹，一直打到西楚的都城彭城。

> 汉二年，出关，收魏、河南，韩、殷王皆降。合齐、赵共击楚。四月，至彭城。（《史记·淮阴侯列传》）

如果要说这次项羽差在哪里，那便是他的部下里没有一个韩信，而刘邦有。韩信曾在项羽帐下效力，却"官不过郎中，位不过执戟，言不听，画不用"，这才转投刘邦。正是这个人帮助刘邦选择了最好的出关时机，又利用自己的军事能力迅速平定了三秦，快到项羽根本来不及反应。

项羽打仗用力，韩信打仗用巧，两个人的"做题"思路不同。正所谓道不同不相为谋，项羽不重视韩信的言论计策也在情理之中，并不能说明项羽不会用人。况且，刘邦其实也不是一开始就重用韩信的：

上曰："若所追者谁？"曰："韩信也。"上复骂曰："诸将亡者以十数，公无所追；追信，诈也。"何曰："诸将易得耳。至如信者，国士无双。王必欲长王汉中，无所事信；必欲争天下，非信无所与计事者。顾王策安所决耳。"王曰："吾亦欲东耳，安能郁郁久居此乎？"何曰："王计必欲东，能用信，信即留；不能用，信终亡耳。"王曰："吾为公以为将。"何曰："虽为将，信必不留。"王曰："以为大将。"何曰："幸甚。"于是王欲召信拜之。（《史记·淮阴侯列传》）

刘邦真正信的是萧何，他在赌萧何的眼光，而这一切，都是项羽不能左右的。

04

刘邦兵临彭城之下，彭城一战他却没得到便宜，项羽以少胜多大破刘邦，实现了军事史上极经典的一次逆转，将个人战术指挥能力发挥得登峰造极。

但也是这一战，打出了刘邦的后期战略规划：

至彭城，汉败而还。至下邑，汉王下马踞鞍而问曰："吾欲捐关以东等弃之，谁可与共功者？"良进曰："九江王黥布，楚枭将，与项王有隙；彭越与齐王田荣反梁地：此两人可急使。而汉王之将独韩信可属大事，当一面。即欲捐之，捐之此三人，则楚可破也。"（《史记·留侯世家》）

后世所谓的"下邑奇谋"即此处内容。乍一看，无非是刘邦舍得弃地，将关东之地都封出去罢了，这算什么奇谋？不过细细分析则不然，史书上的文字都是有潜台词的：

刘邦采纳了张良的意见，并做出部署：正面战场，刘邦收聚败军，困守于成皋、荥阳，挡住项羽西进，保卫关中根据地；北翼派韩信攻取魏、代、赵、燕、齐，以对楚形成弧形大包围之势；南翼，派英布反楚于九江，牵制项羽兵力，以减轻正面战场项羽对刘邦的压力；敌后，派彭越攻扰下邳等楚心腹之地，"烧其积聚，以破其业"。断楚粮道。于是，一种"正面坚守。两翼牵制，敌后攻扰，全局造势"的战略思想终于产生。（赵炬未：《楚汉战争中刘邦战略思想试析》，《福建论坛》1999年第5期）

正是靠这个战略规划，刘邦最后合围了项羽，演绎出十面埋伏的故事，打败了似乎永远不可能失败的西楚霸王。

对于项羽的失败，一些人归因于他不如刘邦重视全局战略，只关注局部战场上的胜利，换句话说，就是项羽没有战略眼光，不能像刘邦一样开辟北方战场、南方战场，也没有采取有效措施应对刘邦的战略布局。可是，项羽真的完全没有意识到刘邦的战略布局，也完全没有自己的战略规划，就傻傻地在成皋、荥阳一线的正面战场上与刘邦拉锯战，然后等着韩信完成北方战线的布置，赶来合围吗？

实际情况并不是这样。

韩信北上攻击的魏地，大约是在今天的三门峡到洛阳一线的北段和陕西东部一带，属于太行群山，那里地形复杂，项羽不好支援。除此之外，无论项羽怎么规划行军路线，都势必经过刘邦的阵线，会遭到刘邦的全力阻击。所以综合来看，项羽是不能救，而不是不愿救。

等韩信来到赵地，情况就不一样了：

楚数使奇兵渡河击赵，赵王耳、韩信往来救赵，因行定赵城邑，发兵诣汉。（《史记·淮阴侯列传》）

项羽多次派出奇兵渡过黄河去救赵地。为何项羽派出的是"奇兵"，而不是大规模的正面部队？因为韩信是从井陉东出太行山攻赵的，距离太远，若派出大部队，行军速度必然缓慢，未必来得及。上次项羽率兵讨伐齐地，结果被刘邦攻到彭城之下，这次若再北上远征，刘邦必然还会趁虚而入。何况，胶着的正面战场也让项羽抽调不出大股部队，可北方战场又不可能放着不管，所以派出奇兵进行长途奔袭才更合适。

项羽派出的奇兵究竟有多少，《史记》中没有记载，但"数使"二字已经可以说明他并非只派出过一次。另外，不是大股部队并不代表战况不激烈，《史记·傅靳蒯成列传》中的内容可从侧面印证一二：

> 别之河内，击赵将贲郝军朝歌，破之，所将卒得骑将二人，车马二百五十四。从攻安阳以东，至棘蒲，下七县。别攻破赵军，得其将司马二人，候四人，降吏卒二千四百人。从攻下邯郸。

在北线，刘邦的下属靳歙一连进行了四场战斗。他先是到达河内郡①，打败了赵将贲郝，然后跟随主将进攻安阳，到达棘蒲（今河北赵县）。另外，他又率兵单独作战，击溃赵军，活捉赵将司马二人、军候四人，招降赵军官兵两千四百人——这个细节显示双方军队都有数千，而靳歙离开主将单独行动，也说明河内郡战况之激烈。这一仗打完，靳歙的状态又恢复为"从攻"，说明他回归了大部队，也说明几路汉军已经在邯郸合兵。

把靳歙这四战的路线连起来看，可知他是一路向北，如果继续向北的话，就能到达距离邯郸不远的赵国都城襄国。可根据《史记·傅靳蒯成列传》接下来的记载，靳歙没有继续北上，反而单独领军去攻击平阳（西魏古城）了·

---

① 河内郡治所是朝歌，本是刘邦灭殷后建立的郡所，此时应为赵所占。

别下平阳，身斩守相，所将卒斩兵守、郡守各一人，降邺。从攻朝歌、邯郸，及别击破赵军，降邯郸郡六县。

为什么靳歙不去打近眼前的襄国，反而折回头穿越太行山，路途艰难地去攻打平阳呢？当时韩信已经平定了魏地，应该无需其他支援的。不仅如此，打完平阳的靳歙竟再次穿过太行山，又去攻打赵地的朝歌和邯郸了，可是这两城不是在之前已经被打下来了吗？可见，平阳、朝歌、邯郸地区的战斗非常激烈，刘邦一方和项羽一方在反复争夺这几个城池，而项羽一方的力量，一定就是他派出的多支奇兵。

韩信虽然背水一战迅速拿下了赵地，但战斗并未停止，项羽的奇兵一到，立刻展开争夺，于是才有了张耳和韩信"往来救赵"，才有了靳歙看似不合理的行军路线。

05

其实，韩信出关后攻城拔寨的速度是超出一般人想象的：

其八月，以信为左丞相，击魏。（《史记·淮阴侯列传》）

九月，信击虏豹，传诣荥阳；悉定魏地，置河东、上党、太原郡。（《资治通鉴·汉纪》）

汉二年（公元前205年）秋八月，韩信攻魏，仅用了一个月左右的时间就"悉定魏地"，完成了任务。

韩信既定魏，使人请兵三万人，愿以北举燕、赵，东击齐，南绝楚粮道。汉王许之，乃遣张耳与俱，引兵东，北击赵、代。后九月，信破代兵，禽夏说于阏与。信之下魏破代，汉辄使人收其精兵诣荥阳以距楚。（《资治通鉴·汉纪》）

"后九月"即闰九月。可见仍旧是用了一个月左右的时间，韩信又成功破代。

三年冬十月，韩信、张耳东下井陉击赵，斩陈余，获赵王歇。置常山、代郡。（《汉书·高帝纪》）

汉三年（公元前204年）冬十月①，韩信和张耳在井陉一战，成功破赵。

综合来看，从八月开始，经九月、后九月，直到十月，韩信仅用了三个多月的时间就平定了魏、代、赵三地。依照惯例，他应该很快就会转而攻齐，结果却不是这样：

四年冬十月，韩信用蒯通计，袭破齐。（《汉书·高帝纪》）

在汉四年（公元前203年）冬十月，韩信才与齐军在历下展开激战。也就是说，除去前往齐地的行军时间，韩信差不多在赵地滞留了

——————————

① 秦汉历法以十月为岁首，九月为岁末，因此汉三年冬十月为本年年初。

一年。

这是为什么？

原因之一，是要补充兵源，休整军队。

韩信在破魏、代后，魏、代两地的精兵被刘邦尽数抽走：

> 信之下魏破代，汉辄使人收其精兵诣荥阳以距楚。（《史记·淮阴侯列传》）

在平定赵地的过程中，韩信再一次为刘邦输送兵源，而刘邦在成皋兵败后，甚至又对韩信来了一次修武夺兵。

韩信没有兵源补充，现有的士卒又历经数场战斗，疲惫万分，明智的人都知道此刻应该停下进攻的脚步，休整军队以恢复战斗力。李左车便是这样劝说韩信的：

> 然而众劳卒罢，其实难用。今将军欲举倦弊之兵，顿之燕坚城之下，欲战恐久力不能拔，情见势屈，旷日粮竭，而弱燕不服，齐必距境以自强也。燕齐相持而不下，则刘项之权未有所分也。（《史记·淮阴侯列传》）

原因之二，是遭到了项羽的牵制。

井陉之战后，项羽派遣奇兵对赵地展开争夺，迫使韩信必须在赵地盘桓，以应对城邑得而复失的情况。项羽此举的根本目的是为自己争取时间——他不仅意识到了刘邦的战略意图，还有了自己的应对策略：以攻为守，擒贼擒王。

进攻是最好的防守。《孙子兵法·军形篇》就说："善攻者，动于九天之上，故能自保而全胜也。"明代刘寅又在注释中说："善能攻者，势迅声烈，如动作于九天之上，言来之速而不可备也。"只要项羽动作迅速，能在韩信赶来合围之前消灭刘邦，天下诸侯自会顺应形势不战而降，韩信、彭越等人也会不战自溃。

项羽的策略对吗？

看看结果：在项羽奇兵的作用下，韩信直到汉三年（公元前204年）五月仍滞留在赵地，无法援助刘邦，更谈不上合围项羽，而项羽火力全开，打得刘邦根本无法划荥阳而治。即使其间中了陈平的反间计，项羽失去了谋主范增，也依然将刘邦逼入了绝境，距离赢得楚汉战争仅仅只差一线。

夏四月，项羽围汉荥阳，汉王请和，割荥阳以西者为汉。亚父劝项羽急攻荥阳，汉王患之。陈平反间既行，羽果疑亚父。亚父大怒而去，发病死。（《汉书·高帝纪》）

项羽数侵夺汉甬道，汉军乏食，遂围汉王。汉王请和，割荥阳以西者为汉。项王不听。汉王患之，乃用陈平之计，予陈平金四万斤，以间疏楚君臣。于是项羽乃疑亚父。亚父是时劝项羽遂下荥阳，及其见疑，乃怒，辞老，愿赐骸骨归卒伍，未至彭城而死。（《史记·高祖本纪》）

刘邦的转机来自陈平，他用了一个令人匪夷所思又残酷无比的方法帮助刘邦成功脱身：

> 汉军绝食，乃夜出女子东门二千余人，被甲，楚因四面击之。将军纪信乃乘王驾，诈为汉王，诳楚，楚皆呼万岁，之城东观，以故汉王得与数十骑出西门遁。（《史记·高祖本纪》）
>
> 陈平乃夜出女子二千人荥阳城东门，楚因击之，陈平乃与汉王从城西门夜出去。遂入关，收散兵复东。（《史记·陈丞相世家》）
>
> 五月，将军纪信曰："事急矣！臣请诳楚，可以间出。"于是陈平夜出女子东门二千余人，楚因四面击之。纪信乃乘王车，黄屋左纛，曰："食尽，汉王降楚。"楚皆呼万岁，之城东观，以故汉王得与数十骑出西门遁。（《汉书·高帝纪》）

陈平惯用毒计，他用两千个女子引开了楚军的注意，又让纪信李代桃僵，扮作刘邦，给刘邦的出逃创造了机会。楚兵从来不是什么仁义之师，惯于烧杀抢掠，他们看到女人大概会如野兽看到了鲜肉。这两千女子的下场史书不能写，你我不愿想。没人知道陈平究竟用了什么手段，是威逼还是利诱亦或是兼而有之，才让她们为刘邦献了祭。

> 始陈平曰："我多阴谋，是道家之所禁。吾世即废，亦已矣，终不能复起，以吾多阴祸也。"（《史记·陈丞相世家》）

正是因陈平，项羽虽做出了正确的战略决策和部署，却依然没能换回胜利的结果。

06

逃出生天的刘邦百折不挠，收整军队，继续在荥阳、成皋一线的正面战场上牵制项羽。他甚至又到韩信那里"借走"不少兵卒，用以继续推进自己的战略构想。

刘邦命刘贾、卢绾两人率领两万人马从白马津渡河，深入楚地协助彭越，以游击战的形式不断骚扰楚军后方，断楚军粮道。得到援军的彭越玩了一把大的，接连攻下睢阳、外黄等十七座西楚城池。

面对如此局势，项羽的核心决策不变，只是略有调整：他要先平定彭越，再抢在韩信打下齐国、完成战略包围之前集中力量解决刘邦。

四年，项羽乃谓海春侯大司马曹咎曰："谨守成皋。若汉挑战，慎勿与战，无令得东而已。我十五日必定梁地，复从将军。"（《史记·高祖本纪》）

项羽很清楚，要完成自己的设想就一定要快，所以才设定了十五日的期限。他也十分识人，知道曹咎不合是刘邦的对手，所以让他"勿与战"。

这番布置颇详细，也颇合理，可惜还是出了差错：

汉果数挑楚军，楚军不出，使人辱之五六日，大司马怒，度兵汜水。士卒半渡，汉击之，大破楚军，尽得楚国金玉货赂。大司马咎、长史翳、塞王欣皆自刭汜水上。……项羽至睢阳，闻海春侯军败，则引兵还。（《史记·高祖本纪》）

刘邦先用激将法引楚军出动，再运用击之半渡的战法大破曹咎，逼得曹咎自杀于汜水之上。汉军乘机夺取成皋，然后乘胜东进到广武一线，收敖仓积粟以充军用。

如果项羽手下有可以独当一面的良将，能够完成他的战略部署，结果又会如何呢？我们无从可知了。

此后，项羽与汉军在广武对峙，项羽欲战，而汉军据险坚守不战，双方对峙数月，直到汉四年冬，韩信破齐历下军到达临淄。

此时刘邦在北方战线的部署已经基本完成，但项羽没有放弃。他派出手下最得力的大将龙且率领二十万大军去阻挡韩信，只要龙且拖住了韩信，项羽的斩首行动就依然有成功的机会。

二十万人，就算让韩信一个一个去杀，也要杀些日子吧？可谁能想到，龙且竟然会败得那么快，那么彻底：

信使人决壅囊，水大至。龙且军大半不得渡，即急击，杀龙且。龙且水东军散走，齐王广亡去。信遂追北至城阳，皆虏楚卒。汉四年，遂皆降。平齐。（《史记·淮阴侯列传》）

北方战线上的最后一块拼图补上了，刘邦的战略包围态势终于形成。项羽的正面是刘邦，北面和东面是韩信，南方是英布，四面楚歌的前奏已然唱响。这个时候，西楚霸王第一次有了恐惧的情绪，这也是《史记》在描写项羽时用的唯一一个"恐"字：

楚巳亡龙且，项王恐。（《史记·淮阴侯列传》）

楚汉之战的结果，在龙且败亡的一刻才真正确定。

07

虽然项羽战败而死，但回顾前文这些分析，其实我们已经可以得出结论了：项羽不仅很懂战术，还很懂战略。

项羽很早就意识到了刘邦"正面牵制，两翼合围"的战略计划，并做出了合理的应对：韩信攻魏时，因为地理形势和距离，他没有救援；韩信攻赵时，他派出奇兵予以牵制；韩信攻齐时，他派出龙且领重兵进行阻挡，而他自己则以攻为守、以力破巧，一直将消灭刘邦设为最高优先级，想要速战速决。只是，项羽的每一次正确决策都功败垂成，所以他才得不到最后的胜利。

如果《项羽本纪》的这个记载可以相信的话，刘邦在彭城之战中损失的兵力当有几十万人。

战况如此凶险，刘邦如何脱险的呢？

偶然，纯属偶然！

被重重包围的刘邦正处在危难关头，突然来了一场沙尘暴，而且是正冲着楚军刮过来，楚军阵营立即大乱，刘邦趁此机会带了十几位贴身骑兵突围而去（围汉王三匝，于是大风从西北而起，折木发屋，扬沙石，窈冥昼晦，逢迎楚军，楚军大乱，坏散，而汉王乃得与数十骑遁去）。

这场沙尘暴来得太巧：一是正在刘邦危难之时刮起来了，二是直冲着楚军刮而不刮汉军。结果，楚军被刮得乱了阵脚，刘邦自然溜之大吉。

每读《史记》至此，都不禁暗想，天下真有这么巧的事吗？司马迁的《史记》是这样记载的，又无其他史书可以参考，我们只能相信这是真的。

历史发展的总趋势是必然的，但是，历史发展的进程又往往充满了偶然性。刘邦此次彭城之战，已经是兵败被围，无以解脱，偏偏来了场沙尘暴，刘邦得以幸免于难。这种历史的偶然性真是让人费解。

但是，我们不得不承认历史确实存在着某种不可知的偶然性。（王立群：《影响项羽败亡的因素还有哪些》）

现在可以回答文章开头提出的问题了。项羽在军事上的决策，其实是担得起"非战之罪"四个字的。而他所说的"天之亡我"，是对历史中那种不可知、不可抗的偶然事件的承认。所以，这句话非但不是在怨天尤人，反而表现出他知命的洒脱与坦然。正因为如此，他在最后时刻才能笑得出来：

乌江亭长舣船待，谓项王曰："江东虽小，地方千里，众数十万人，亦足王也。愿大王急渡。今独臣有船，汉军至，无以渡。"

项王笑曰："天之亡我，我何渡为！"（《史记·项羽本纪》）

飞将军李广带兵为何不列军阵?

> 程不识故与李广俱以边太守将军屯。及出击胡，而广
> 行无部伍行陈，就善水草屯，舍止，人人自便，不击刀斗以
> 自卫，莫府省约文书籍事，然亦远斥候，未尝遇害。（《史
> 记·李将军列传》）

01

这段引文中，"部伍"即"部曲行伍"的简称，是古时军队的编制单位。《后汉书·百官志》中有解释："将军领军皆有部曲。大将军营五部，部校尉一人，部下有曲，曲有军候一人也。"而"陈"是一个通假字，通"阵"，军阵的意思，是对军队阵形的安排布置情况。

李广带军队出击匈奴时没有严格的队列和阵势，需要驻扎时就寻找水丰草茂的地方筑营停宿，晚上也不敲击巡更自卫，随军幕府会简化各种文书簿册，但因为会派侦察兵去远处查探，所以没有遭遇过危险。

没有军阵，没有布置，但充分发挥骑兵的侦查作用，这种带兵方法倒是很像逐水草而居的匈奴人。其实这是自然的，因为这一时期的中原骑兵基本都在模仿草原骑兵，只是这种影响在个性鲜明、个人骑射能力极强的李广身上表现得更加鲜明而已。

不是人人都能接受李广的风格，他的这种带兵方式被许多人批评过：

易曰："师出以律，否臧凶。"言治众而不用法，无不凶也。李广之将，使人人自便。以广之材，如此焉可也；然不可以为法。何则？其继者难也；况与之并时而为将乎！夫小人之情，乐于安肆而昧于近祸，彼既以程不识为烦扰而乐于从广，且将仇其上而不服。然则简易之害，非徒广军以禁虏之仓卒而已也！故曰"兵事以严终"，为将者，亦严而已矣。然则效程不识，虽无功，犹不败；效李广，鲜不覆亡哉！（司马光：《资治通鉴·汉纪九》）

李广非大将才也，行无部伍，人人自便，此以逐利乘便可也，遇大敌则覆矣。太史公叙广得意处，在为上郡以百骑御匈奴数千骑，射杀其将，解鞍纵卧，此固裨将之器也。若夫堂堂固阵，正正之旗，进如风雨，退如山岳，广岂足以乎此哉？淮南王谋反，只惮卫青与汲黯，而不闻及广。太史公以孤愤之故，叙广不啻出口，而传卫青若不值一钱，然随文读之，广与青之优劣终不掩。（黄淳耀：《太史公知意》）

如果说以上都是文人论兵，而文人实不知兵的话，不如再看看兵家对他的批评：

> 臣前所进黄帝、太公二阵图，并《司马法》、诸葛亮奇正之法，此已精悉。历代名将，用其一二，成功者亦众矣。但史官鲜克知兵，不能纪其实迹焉。臣敢不奉诏，当纂述以闻。（《李靖唐太宗问对》）

在众多发表评论的人中，与李广同时代的将领程不识最有评论的资格，他的带兵方式也被司马迁记录在《史记·李将军列传》中。司马迁大约是想用对比来塑造人物，通过程不识用兵方式的烦琐来反衬李广的简约，意在称颂李广，可他也保持了相对客观的态度，没有删减程不识的评论，直接写了出来：

> 程不识正部曲行伍营陈，击刀斗，士吏治军簿至明，军不得休息，然亦未尝遇害。不识曰："李广军极简易，然虏卒①犯之，无以禁也；而其士卒亦佚乐，咸乐为之死。我军虽烦扰，然虏亦不得犯我。"是时汉边郡李广、程不识皆为名将，然匈奴畏李广之略，士卒亦多乐从李广而苦程不识。（《史记·李将军列传》）

程不识带兵纪律严明，事务安排周全，军队严阵以待，军中将领常常为此忙到天明。他的军队和李广的一样多年来未曾遇袭，但因为

---

① "卒"通"猝"，仓促突然之意。

做事繁苛，所以士兵更愿意跟随飞将军李广，而不愿意跟随他。在这样的情况下，程不识却说李广没有办法应对匈奴的突然袭击——仅仅依靠远斥候确实太冒险，如果侦察兵被敌人悄悄杀掉，军队岂不是变成了聋子、瞎子，等着敌人前来攻击？

程、李二人的此番分歧很有名，以致被明代的著名将领戚继光拿来当作考试题。戚继光在《策问》提出一个问题："程不识治簿书，任律烦扰，李广军简易，不正部伍，其宽严迥绝，何能同功？"关于此事的思考能让他的部下更深入地理解行军布阵的重要性，因为这两人带兵的差异蕴含着一个重要的谜题：军阵到底是什么？有什么作用？

02

李广为何不喜欢列行阵？当然不是因为他不懂。

司马迁在《史记·李将军列传》中记录道："广讷口少言，与人居则画地为军陈，射阔狭以饮。"能与别人在地上画军阵来互相讨论，可见李广是懂得军阵的，而且不仅懂得，他曾经也使用过：

三人还射，伤中贵人，杀其骑且尽。中贵人走广。广曰："是必射雕者也。"广乃遂从百骑往驰三人。三人亡马步行，行数十里。广令其骑张左右翼，而广身自射彼二人者，杀其二人，生得一人，果匈奴射雕者也。（《史记·李将军列传》）

注意这个细节："广令其骑张左右翼。"意思是李广命令他的骑兵左右散开，分两路包抄，而他亲自去射杀那三个匈奴人。这种两翼张开的方式，就是一种侧面包抄的阵形。

广为圜陈外乡，胡急击之，矢下如雨。汉兵死者过半，汉矢且尽。广乃令士持满毋发，而广身自以大黄射其裨将，杀数人，胡虏益解。（《史记·李将军列传》）

在这里，李广又令士兵结成圆阵。这是一种防御式的阵形，说明此时的战况不容乐观。

从《史记》的这两处记叙中可以看出，在非常时刻，李广还是会使用军阵的，而他使用的侧面包抄翼阵和防御用的圆阵都是战场上常用的阵形。

古代的兵书对阵法多有记载，先秦时期的《孙子》《吴子》都有提及，《六韬》《孙膑兵法》《尉缭子》等经典兵书则对阵法有更详细的阐释，孙膑更是列举了十种阵形，并总结出不同阵形的不同用处：

凡阵有十：有方阵，有圆阵，有疏阵，有数阵，有锥行之阵，有雁行之阵，有钩行之阵，有玄襄之阵，有火阵，有水阵。此皆有所利。（《孙膑兵法》）

如果不算有水、火参与的特殊阵形，常见的军队阵形有八种，也即"八阵"。

到了汉代，人们更加重视军队的阵形训练：

民年二十三为正，一岁以为卫士，一岁为材官骑士，习射御骑驰战阵。（《汉官旧仪》）

所谓"习战阵"，就是学习如何结阵、如何按命令变化阵形，以便在战场上应对不同的情况。《吴子·治兵篇》中说："圆而方之，左而右之，前而后之，分而合之，结而解之，每变皆习，乃授其兵。"这种圆阵变方阵、前进变停止、分散变集中、集中又变分散的阵法训练是军队训练的基本要素，不仅武官要学，普通士兵也要学。

东汉时期，军队作战和训练普遍使用八阵，车骑将军窦宪大破匈奴北单于时就是靠此：

勒以八阵，莅以威神，玄甲耀目，朱旗绛天。（班固：《封燕然山铭》）

等到了三国时期，诸葛亮也能"推演兵法，作八阵图"，不过由于记载军阵的文献已经流失，后人只能靠想象还原八阵图的威力了。

其实，如果我们将孙膑所说的十阵、八阵归纳简化一下，就可以看出古代军阵的基本排列方式大约是方、圆、曲、直、锐五种。李广张左右两翼的阵形，就属于曲形阵的一种，是十阵中的钩行之阵（左右翼弯曲如钩）。不过也有研究者说它应该属于方形阵，因为李广将百骑追击匈奴的三个骑兵时，这一百人左右的汉骑部队可能采取的是长方形的小阵，如此才能使左右骑完成围击匈奴三射雕者的动作。而李广防御时采用的圆阵也是经典阵形，即将军队布置在四面，如环（未必真的是圆形）一样，不留防御死角。

针对不同的环境采用不同的策略，李广对军阵的运用可以说是相当娴熟的。

03

既然军阵确实有用，李广也懂得军阵，那他为何仅在危急关头使用，在寻常出击匈奴时却不列行阵呢？

说到底就是三个字：不愿意。

李广选择这种带兵方式与他的军事思想有关，他始终坚持着自己的战斗思想，那就是骑射为上。

其实骑射一直是匈奴骑兵的战斗方式：

儿能骑羊，引弓射鸟鼠；少长则射狐兔：用为食。士力能弯弓，尽为甲骑。其俗，宽则随畜，因射猎禽兽为生业，急则人习战攻以侵伐，其天性也。（《史记·匈奴列传》）

匈奴人随意游牧，逐水草而居，以射猎禽兽为生，因此在很小的时候便有意锻炼骑射这项技能。儿时他们便能骑羊，拉弓射鸟、鼠，稍大一点就能射狐狸、兔子，男子成年后便成为披甲的骑兵，人人演习作战，以便对外进行侵袭征伐。这是他们的天性。

我们需要格外注意"儿能骑羊"这一细节。这一时期，匈奴骑兵并没有装备实战用双马镫和形制较为完备的高桥马鞍，而是仅在马背上放置一种类似褥垫或坐垫的原始马鞍，如果没有经过大量的相应训练，他们也很难在骑乘战马时做出较为复杂战术动作，战斗力会大打折扣。于是，匈奴人从很小的时候就开始骑羊，借此进行骑乘训练。光背的羊相比带有原始鞍垫的战马骑乘难度更高，失去平衡而落羊的可能性更大，也就更能起到训练作用。同时，羊的体形较为低矮，奔跑速度较慢，又能够降低匈奴儿童在骑乘训练中遭遇危险的可能，减少落羊后受到的伤害。

通过这种从小进行的骑射训练，匈奴骑兵驾驭战马的能力，尤其是在山地、溪涧等复杂地形中驾驭战马的能力，明显高出汉军骑兵一大截。

> 今匈奴地形技艺与中国异。上下山阪，出入溪涧，中国之马弗与也；险道倾仄，且驰且射，中国之骑弗与也；风雨罢劳，饥渴不困，中国之人弗与也；此匈奴之长技也。（晁错：《言兵事疏》）

匈奴骑兵能够做到"上下山阪，出入溪涧"，也能做到"险道倾仄，且驰且射"，所以匈奴人在战斗时会扬长避短，充分运用自己强大的骑射之术和骑兵的高机动性（"利则进，不利则退，不羞遁走"），全恃骑射杀伤敌人。然而，运用这种机动性高的战术对于汉骑兵而言是高难度的，因为骑兵在上山时上身要前倾，下坡时则要后仰，需要不断变换重心以保持平衡；而且驰且射更是要求骑手在仅靠双腿保持平衡控驭战马的同时用双手张弓搭箭，若非十分熟悉战马的脾性外加骑术高超，这一套动作根本无法做到。

见贤思齐，在了解匈奴骑兵的优势后，汉骑兵也渐渐向他们学习，李广本人的骑射能力就不输匈奴人，甚至有过之而无不及。司马迁多次描绘李广的骑射能力：

孝文帝十四年，匈奴大入萧关，而广以良家子从军击胡，用善骑射，杀首虏多，为汉中郎。（《史记·李将军列传》）

匈奴大入上郡，天子使中贵人从广勒习兵击匈奴。中贵人将骑数十纵，见匈奴三人，与战。三人还射，伤中贵人，杀其骑且尽。中贵人走广。广曰："是必射雕者也。"广乃遂从百骑往驰三人。三人亡马步行，行数十里。广令其骑张左右翼，而广身自射彼三人者，杀其二人，生得一人，果匈奴射雕者也。（《史记·李将军列传》）

有白马将出护其兵，李广上马与十余骑奔射杀胡白马将，而复还至其骑中，解鞍，令士皆纵马卧。（《史记·李将军列传》）

广出猎，见草中石，以为虎而射之，中石没镞，视之石也。因复更射之，终不能复入石矣。广所居郡闻有虎，尝自射之。及居右北平射虎，虎腾伤广，广亦竟射杀之。（《史记·李将军列传》）

广为人长，猿臂，其善射亦天性也。虽其子孙他人学者，莫能及广。（《史记·李将军列传》）

《汉书·艺文志》对此也有记录，甚至著录有《李将军射法》三篇。

高超的骑射能力让李广很自负，也一度让他取得不少胜利：

典属国公孙昆邪为上泣曰："李广才气，天下无双，自负其能，数与虏敌战，恐亡之。"于是乃徙为上郡太守。后广转为边郡太守，徙上郡。尝为陇西、北地、雁门、代郡、云中太守，皆以力战为名。（《史记·李将军列传》）

因此李广更加坚持对骑射的运用。在他看来，既然匈奴人用骑射进攻大汉，大汉就应用骑射反击，这才是光明正大的战斗。

李广出身将门世家，是李信的四世孙，若说他的这份坚持中有一点贵族精神式的执着，也有一定的道理。然而，在执着背后，更多显示出的是他军事思维的落后。

现实是残酷的，随着时间的推移，固执的李广想一直凭借个人的骑射能力去战胜匈奴，面临的就只能是一次又一次失利了。

其后四岁（元光六年），广以卫尉为将军，出雁门击匈奴。匈奴兵多，破败广军，生得广。单于素闻广贤，令曰："得李广必生致之。"胡骑得广，广时伤病，置广两马间，络而盛卧广。行十余里，广佯死，睨其旁有一胡儿骑善马，广暂腾而上胡马，因推堕儿，取其弓，鞭马南驰数十里，复得其余军，因引而入塞。匈奴捕者骑数百追之，广行取胡儿弓，射杀追骑，以故得脱。于是至汉，汉下广吏。吏当广所失亡多，为虏所生得，当斩，赎为庶人。（《史记·李将军列传》）

雁门关一战，李广被擒，高超的骑射能力帮助他抢到马脱了险，但也仅此而已，不能再帮他带领军队打败匈奴。

如果说兵败雁门的生擒之辱还不能够明显体现出李广战斗思想的局限，那么汉武帝元狩二年（公元前121年）的一场战役，则将其体现无遗。

这一年，为了打通内地通往西域的道路，巩固西部京畿地区，汉朝发动了河西之战，并最终取得大胜，全部占领河西走廊地区。此役中，李广以郎中令将四千骑出右北平，承担牵制匈奴兵力的偏师之任，但他不幸与数倍于己的匈奴大军相遇：

> 后二岁，广以郎中令将四千骑出右北平，博望侯张骞将万骑与广俱，异道。行可数百里，匈奴左贤王将四万骑围广，广军士皆恐，广乃使其子敢往驰之。敢独与数十骑驰，直贯胡骑，出其左右而还，告广曰："胡虏易与耳。"军士乃安。广为圜陈外向，胡急击之，矢下如雨。汉兵死者过半，汉矢且尽。广乃令士持满毋发，而广身自以大黄射其裨将，杀数人，胡虏益解。会日暮，吏士皆无人色，而广意气自如，益治军。军中自是服其勇也。明日，复力战，而博望侯军亦至，匈奴军乃解去。汉军罢，弗能追。是时广军几没，罢归。汉法，博望侯留迟后期，当死，赎为庶人。广军功自如，无赏。（《史记·李将军列传》）

面对十倍于己的敌人，李广先让自己的儿子李敢冲阵，以期用这一行为稳定军心，而李敢竟然成功了。其实这个细节透露出一个信息：汉骑兵的优势在于冲击而非骑射，可惜李广没有抓住并利用这一优势。匈奴用骑射发动攻击，攻势猛烈且有效，汉兵死者过半，而"汉矢且尽"四字则说明汉军一直在用同样的骑射方式还击，可惜收效不大。之后，李广虽凭借自己强悍的射术射杀对方裨将数人，但一人之勇于大局无益，最后还是依靠援军才得以解围。

司马迁的这段描写细节充沛，人物形象鲜明，值得好好琢磨。

李广带兵打仗一贯依靠骑射，结果这次寡不敌众，射不如人，几乎全军覆没。多年以后，同样是以少对多，他的后人李陵放弃骑射对拼，以其他战术取得了令人讶异的战果，而大名鼎鼎的卫青、霍去病，也不是因为骑射才取得对匈奴的大捷的。

李广本人确实骑射无双，但一般的汉军骑兵在骑射上远远不是匈奴人的对手，如果汉军将领对骑兵的理解和运用仅仅停留在对拼骑射上，就不会有后来的胜利。况且，匈奴有时也会结阵而战：

……已缚之上马，望匈奴有数千骑，见广，以为诱骑，皆惊，上山陈。广之百骑皆大恐，欲驰还走。（《史记·李将军列传》）

司马迁虽然偏爱李广，使用了"抑扬予夺"的笔法，但没有删改事实。他在《李将军列传》中留下了这样一笔：

其射，见敌急，非在数十步之内，度不中不发，发即应弦而倒。用此，其将兵数困辱，其射猛兽亦为所伤云。

淡淡带过的一句话，却至关重要，它说明李广一直以来都固执地想和敌人比拼骑射，而箭是有射程限制的，所以他只等敌人到了足够近的距离内才发箭。可士兵们并没有他那样高超的技艺，面对匈奴不结军阵，又没有战术变化，就只能常常被困了。

要想打败匈奴，以李广为代表的汉军骑射战术就必须改变。

元狩四年（公元前119年），卫青、霍去病率大军出击匈奴，决战漠北。此时的李广已经六十多岁了，这是他可以面对匈奴单于的最后一个机会，因此他请求出战。汉武帝起初没有答应，后来见他态度坚决，才任命他为前将军。

匈奴军队被卫青击溃，单于带着几百人逃走，如果李广能够及时赶到，他将建立起莫大的功勋，可是因为没有向导，大军迷了路，李广最终没能按时与卫青会和。《史记·李将军列传》中记载，李广没有对此做过多辩解，只是说："广结发与匈奴大小七十余战，今幸从大将军出接单于兵，而大将军又徙广部行回远，而又迷失道，岂非天哉！且广年六十余矣，终不能复对刀笔之吏。"然后便拔刀自尽了。对于他的死，司马迁写道："广军士大夫一军皆哭。百姓闻之，知与不知，无老壮皆为垂涕。"

李广的一生让人无限感慨，司马迁用"不遇"一词作为他传记的主线：

李将军广者，陇西成纪人也……尝从行，有所冲陷折关及格猛兽，而文帝曰："惜乎，子不遇时！如令子当高帝时，万户侯岂足道哉！"（《史记·李将军列传》）

也是因此，《史记》之后，"李广难封"成为所有怀才不遇文人的慨叹。

司马贞在《索隐述赞》中说："失道见斥，数奇不封。惜哉名将，天下无双！"

陆游在《赠刘改之》中写道："李广不生楚汉间，封侯万户宜其难。"

刘克庄在《沁园春·梦孚若》中感叹："使李将军，遇高皇帝，万户侯何足道哉！"

王勃的《滕王阁序》则说："嗟乎！时运不齐，命途多舛。冯唐易老，李广难封。"

如此种种，世人都在为李广不平，认为他空有堪封万户侯的才能，却怀才不遇，一生不能封侯。然而，李广的不遇真的就是怀才不遇吗？如果从军事战术的角度来看，时代要求汉骑兵必须用新的战术才能打败匈奴，他却坚持骑射战法，不肯改变，这已经是个人原则与时代要求之间的不遇了。从这个意义上说，司马迁用"不遇"概括李广的一生，也是一种知音。

不唯李广，世界上有许多人都是这样，虽然意识到了时代在进步，自己需要做出改变，可偏偏就是无法改变，不是不能，而是不愿。这些人固守着自己的骄傲，他们的失败成了捍卫自己信念的一种方式，让人惋惜，也让人敬佩。

卫青、霍去病为什么能大败匈奴？

　　元光五年，青为车骑将军，击匈奴，出上谷；太仆公孙贺为轻车将军，出云中；大中大夫公孙敖为骑将军，出代郡；卫尉李广为骁骑将军，出雁门：军各万骑。青至茏城，斩首虏数百。骑将军敖亡七千骑；卫尉李广为虏所得，得脱归：皆当斩，赎为庶人。贺亦无功。（《史记·卫将军骠骑列传》）

01

　　元光五年（公元前130年），汉武帝兵分四路出击匈奴，出征的将领里只有卫青是年轻的新生代，其他三人皆是久经沙场的宿将。汉武帝此举除了战略上的考虑，应该也有试探的意思：他想看看在与匈奴的正面对抗中，老将所代表的传统战术是否还有作用。结果三路皆败，只有卫青一路得胜，说明传统的战术打法对匈奴是没有用的。之后汉武帝不再重用老将，而是全力支持卫青。

作为战场首秀，这一战卫青的战果并不令人过分惊讶，仅仅"斩首虏数百"而已，然而司马迁的这句记叙中却藏着其他三路皆败、唯卫青独胜的奥义。

"斩"即劈砍、斩杀，是一个动词，"首虏"指首级和俘虏，有时偏重指首级。汉武帝时期实行军功首级制度，将士们依靠斩获的敌人首级来计功受赏，因而对此颇注重。可是若将"斩首虏"直接理解成"砍下首级"，又未免太简单了："卫青到达茏城，然后砍下首级数百"，怕是匈奴人都引颈待戮才会出现这种情况。之所以能达成"斩首虏"的效果，是因为卫青进行了一次关键性的战术转变——他放弃了以往常用的骑射战，改为使用白刃战。

在讲李广时谈到过，匈奴人是以骑射为主要杀伤手段的，而这正是汉军的弱点。汉军的优势在哪里？西汉名臣晁错在《言兵事疏》中说得清楚透彻：

今匈奴地形、技艺与中国异。上下出阪，出入溪涧，中国之马弗与也；险道倾仄，且驰且射，中国之骑弗与也；风雨罢劳，饥渴不困，中国之人弗与也；此匈奴之长技也。

若夫平原易地，轻车突骑，则匈奴之众易扰乱也；劲弩长戟，射疏与远，则匈奴之弓弗能格也；坚甲利刃，长短相杂，游弩往来，什伍俱前，则匈奴之兵弗能当也；材官驺发，矢道同的，则匈奴之革笥木荐弗能支也；下马地斗，剑戟相接，去就相薄，则匈奴之足弗能给也；此中国之长技也。

以此观之，匈奴之长技三，中国之长技五。陛下又兴数十万之众，以诛数万之匈奴，众寡之计，以一击十之术也。

从晁错的论述中可知，匈奴的军事装备和军事技术其实不如西汉，综合国力更是比不上，只是骑射技术着实高超。具体到战场上，汉、匈双方其实各有优点：

这样一来，中原骑马步兵和匈奴骑射手交战时，双方就呈现出一种相互制衡的状态：在超远距离上，中原骑马步兵可以利用强弩的射程和杀伤力优势，对只装备有弓箭的匈奴骑射手形成优势；到了中远距离，中原骑马步兵的强弩在射程和杀伤力上的优势，被其在射击速度上的劣势所抵消，而匈奴骑射手的弓箭和骑射战术，则不仅能够凭借更快的射击速度充分发挥威力，还能利用骑射手针对步战弩兵的机动力优势，对中原骑马步兵形成优势；再近一步，当双方进入肉搏战时，由于匈奴骑射手在肉搏战、装甲比例、步战能力上的孱弱，中原骑马步兵又可以凭借矛戟、铁甲、步战能力而获得优势。（宋鲁彬：《中国古代突骑研究》，上海师范大学硕士论文，2014年）

战争，必然要以己之长攻他人之短，晁错的言论中已经出现了能够对匈奴形成优势的战术要素：轻车突骑与短兵相接，也就是冲击和肉搏，更近一步，就是打白刃战。

在汉文帝时期就已经出现的战术萌芽，被汉武帝时期的卫青吸收、继承，当是情理中事。而卫青首次带兵的这次尝试也证明了，如果能够迫使匈奴人进行近身的白刃战，汉军就能有效杀伤对方，获得胜利。

02

然而任何战术的成功都不可能是单一因素造就的，要想在白刃战中取得压倒性的优势，还需要满足几个条件。首要的当然是合适的兵器。

不同于人们的一般印象，在战场上，个人武力值的高低其实并不重要。

> 臣又闻用兵，临战合刃之急者三：一曰得地形，二曰卒服习，三曰器用利。故兵法曰：器械不利，以其卒予敌也；卒不可用，以其将予敌也；将不知兵，以其主予敌也；君不择将，以其国予敌也。四者，兵之至要也。（晁错：《言兵事疏》）

晁错排列的四个用兵要素中就没有武艺，反而是士兵的装备器械排在了第一位。

冷兵器时代，长柄格斗兵器在战场上有着天然的优势，毕竟一寸长一寸强：

> 譬如彼以何器，我必求长于彼，使彼器技未到我身，我举器先杀到他身上了。他应手而死，便有神技，只短我一寸，亦无用矣。是以我不损一人，而彼常应手便靡，此用众之法也。若用众只待见肉分胜负，未有不败者。何则用众有进无退，有胜无败，一步挪移不得。故必以万全万胜为术焉。兵谶云："一寸长，一寸强。"此六字其秘诀

乎？（戚继光《练兵实纪杂集·军器制解》）

只要我的武器比你长，我就能在你还没有攻击到我的时候打到你，就算你有绝世神功又怎样？只要武器短我一分，就施展不出来。

为适应骑兵战的发展需求，在西汉初期至汉武帝时期，汉军中出现了一种不同于步兵矛的骑兵专用矛，称为"矟"。矟是一种重型矛，可以视为步兵矛的升级加强版，其矛刃更长，矛头更重，配合骑兵冲锋时的速度，可以形成强大的穿透力与冲击力。

历史上，关于突刺与劈砍到底哪一种杀伤力更大争论已久，其实这个问题要视具体情况而定。如果抛开战术运用、兵种配合等不谈，只谈论创伤结果的话，"刺死砍伤"大抵是不错的。因为捅刺造成的是贯通伤，可以伤及内脏或人体主要动脉血管，一旦造成内出血或者大出血，就会迅速危及性命；而劈砍更容易破坏的是肌肉肌腱，虽然创口大，但未必就会伤及内脏，不一定立即致命。

除了枪，戟也是西汉时期汉军中常使用的长柄格斗兵器。西汉戟的形制延续了战国后期出现的"卜"字形戟，质料由青铜变为铁，且采用刺、胡、横枝一体锻造技术。这种形制的戟在战国后期出现，西汉时期普遍装备军队，直至魏晋时期也还是中原军队中重要的武器。南北朝以后，随着重甲骑兵出现，它才逐渐退出历史舞台。

杨之锋的《西汉文帝至武帝时期骑兵建设研究》对汉代戟有详细论述：

西汉军队中装备的戟，根据兵种和作战形式的不同，可分为车戟、马戟、步戟，车戟最长，长度超过三点六米；马戟次之，长度在二点二六米至二点五米之间，也有可能达到二点九米；步戟最短，长度不超过两米。目前还没有长度超过三点六米的车戟实物出土，但根据已经出土的西汉铁戟实物和学者的研究成果可以推断，西汉的马戟和步戟在戟首的形制和大小上基本一致，没有明显的不同，区别仅在于柲（柄）部的长短上。

在各类戟中，骑兵装备的马戟和枪一样，同样重在冲击，且杀伤力也很惊人：

> 于是灌夫被甲持戟，募军中壮士所善愿从者数十人。及出壁门，莫敢前。独二人及从奴十数骑驰入吴军，至吴将麾下，所杀伤数十人。不得前，复驰还，走入汉壁，皆亡其奴，独与一骑归。夫身中大创十余，适有万金良药，故得无死。（《史记·魏其武安侯列传》）

长兵器优势突出，但使用起来需要一定的空间和距离，如果是近距离肉搏，它就有些施展不开了。因此，短兵在汉代战场上也占据着相当重要的地位。

在汉军之中，最常见的短兵是刀，这是一种极适合近战的武器。汉代将士多随身配备刀具，这在《史记》中多有体现，比如李广在自杀时，便是引"刀"自刭，而不是引"剑"。

为什么不选择配剑呢？剑双面开刃，锻造工序复杂，但无论骑兵还是步兵，在实战劈砍时都仅能用到一面刃而已。而且剑的两面皆刃，所以整体比较薄，无法持续受力，频繁的劈砍易使剑刃断裂。综合起来看，剑的制造成本高而实战用途有限，无法适应规模越来越大的汉匈战争，因此，要想进一步加强汉骑兵的战斗力，就需要一种工序简单、更适合劈砍又不易折断的武器，环首刀应运而生。

西汉时期的刀是我国古代第一批大规模装备于军队的实用战刀，从境内出土的大量汉刀实物来看，它们的形制特点相当一致：环形刀首、刀身狭长、厚背直刃、刀茎刀身一体锻造。这种奇特而凌厉的造型与后世常见的宋元刀、明清刀都不一样，基于刀首处的圆环，人们将这种刀命名为环首刀。

环首刀的造型不是为了标新立异，它的每一处设计都是为实战服务的。有学者推测，其环形刀首的用途是配重，并在战斗时用以穿布带缠手，以免高速冲击劈砍时刀脱手而飞；狭长的刀身是为了产生更大的攻击范围；薄刃厚脊则能承受更大的反作用力，使刀在经受多次劈砍后仍不折断；直刃的特点是能产生更为强大的破击和破防能力；刀茎与刀身一体锻造，没有明显的刀镡（护手），说明使用环首刀几乎不能刺击，只能劈砍；刀茎较短，适合单手握持，增加了灵活性，配合盾牌使用，则可以达到攻守兼备的效果。

环首刀并不侧重防御功能，是一种完全侧重于进攻的兵器，它的大量装备，使汉骑兵真正具备了与匈奴短兵相接的能力。

需要满足的第二个条件，是披甲的升级。

西汉时的骑兵甲是一种扎甲，也就是只有甲身护住骑士的胸背，然后在肩头用带子系连。这样的甲胄形制更加轻便灵活，骑兵更容易在马上做出战术动作。另一方面，由于匈奴骑兵的弓箭射击角度大多局限于持弓一侧和正前方，所以在与之作战的过程中，汉骑兵最有可能受伤的部位便是头胸等身体正面，而汉骑兵专用的扎甲可以用最少的经费和最低的制造成本保护这些部位，就算匈奴骑射手从背后偷袭，背甲部分也可以起到很好的保护作用。

汉朝的军队已广泛装备铁质的扎甲与鱼鳞甲，居延汉简中就有记载："白玄甲十三领、革甲六百五十、铁甲二千七百一十三。"铁甲数量是皮甲的四倍之多。与此相对的是"寒酸"的匈奴人，他们除了箭头是铁质的之外，士兵的防护甲依旧以皮质为主。

兵器用于攻，甲胄用于守，汉骑兵有了合用的兵器和甲胄，攻守兼备，才有了立于不败之地的可能。

03

客观条件满足之后，也不能忘记主观条件的重要性。汉军胜利的第三个条件，就是将领对具体战术做出的适机改变。

匈奴骑兵的优势是高度的机动性和高超的骑射技巧，他们怎么会轻易放弃己方优势，与汉军打白刃战？所以在战斗过程中，汉军最需要做的是迫使匈奴直面迎战，让他们不得不短兵相接。这便是卫青、霍去病不同于从前将领的地方。

在元光六年（公元前129年）汉武帝第一次大规模远征匈奴失利后，卫青迅速调整骑兵战术，不与匈奴骑兵进行远距离骑射上的较量，而是利用汉骑兵的纪律和武器的先进，结成方阵对敌人进行正面冲击：

其明年春，大将军青出定襄，合骑侯敖为中将军，太仆贺为左将军，翕侯赵信为前将军，卫尉苏建为右将军，郎中令李广为后将军，右内史李沮为强弩将军，咸属大将军，斩首数千级而还。（《史记·卫将军骠骑列传》）

此次出征，光是将军就有中将军、前将军、左将军、右将军、后将军，这种阵容很有可能是将骑兵、车兵、步兵、弓弩兵等各个兵种编成方阵，又分前后左右结阵，是车、步、骑多兵种联合作战的兵团。

骑兵冲锋时一定要结成阵形（多为方阵），己方阵形不乱，则士兵不散，士兵不散，则可保有战斗力。而本就"有利则战，不利则走"的匈奴骑兵却很容易被冲散，一旦冲散，汉骑兵就可以对其进行分割包围，在局部形成以多对少的优势，同时利用冲击、穿插等方式压缩掉匈奴骑兵的机动空间，使其不能在逼仄狭小的空间内施展骑射技艺，只能进入白刃战。一旦进入肉搏对拼阶段，凭借装备上的优势，就可以"一汉当五胡"了：

对曰："臣以为此必无可忧也。"上曰："何以言之？"汤曰："夫胡兵五而当汉兵一，何者？兵刃朴钝，弓弩不利。今闻颇得汉巧，然犹三而当一。又兵法曰'客倍而主人半然后敌'，今围会宗者人众不足以胜会宗，唯陛下勿忧！"（《汉书·傅常郑甘陈段传》）

这种战术运用的关键在于对时机的把握，而卫青、霍去病两人对战机的把握一直是有如神助，以至于司马迁不无酸意地写道：

骠骑所将常选，然亦敢深入，常与壮骑先其大军。军亦有天幸，未尝困绝也。然而诸宿将常坐留落不遇。由此骠骑日以亲贵，比大将军。（《史记·卫将军骠骑列传》）

其实，卫青七战七捷，霍去病从无败绩，岂是一句"天幸"就能解释的？我们以战例为证：

元朔元年春，卫夫人有男，立为皇后。其秋，青为车骑将军，出雁门，三万骑击匈奴，斩首虏数千人。（《史记·卫将军骠骑列传》）

明年，匈奴入杀辽西太守，虏略渔阳二千余人，败韩将军军。汉令将军李息击之，出代；令车骑将军青出云中以西至高阙。遂略河南地，至于陇西，捕首虏数千，畜数十万，走白羊、楼烦王。遂以河南地为朔方郡。以三千八百户封青为长平侯。（《史记·卫将军骠骑列传》）

两处记录，一处用"斩首虏"，一处用"捕首虏"，恰说明《史记》用词的严谨。"斩"和"捕"是不一样的，"斩"如前文中的解释，只有近战时的劈砍动作才符合其含义，而"捕"仅仅是抓捕之意。

几年过后，卫青的战绩更加卓著：

匈奴右贤王当卫青等兵，以为汉兵不能至此，饮醉。汉兵夜至，围右贤王，右贤王惊，夜逃，独与其爱妾一人壮骑数百驰，溃围北去。汉轻骑校尉郭成等逐数百里，不及，得右贤裨王十余人，众男女万五千余人，畜数千百万，于是引兵而还。（《史记·卫将军骠骑列传》）

元朔五年（公元前130年）的这次战役，卫青率军长途奔袭，充分利用了骑兵的速度。用于奇袭的部队人数通常不会很多，但既然能"围右贤王"，说明卫青的军队人数仍占优势。按理说右贤王部的军队不会少，所以应该是被布置在了不同的地方，而卫青利用了这一点——这是典型的利用骑兵机动性形成局部人数优势，然后分割包围的例子。

接下来的战斗推想起来不大可能是双方骑在马上互砍，更有可能的是"下马地斗，剑戟相接"。凭借着护甲和环首刀，汉军几乎可以碾压匈奴人，所以才取得了俘虏"右贤裨王十余人，众男女万五千余人，畜数十百万"的巨大战果。

元朔六年（公元前129年），卫青再次出击，他的战术又一次取得战果，而霍去病也在这一年初露锋芒：

其明年春，大将军青出定襄，合骑侯敖为中将军，太仆贺为左将军，翕侯赵信为前将军，卫尉苏建为右将军，郎中令李广为后将军，右内史李沮为强弩将军，咸属大将军，斩首数千级而还。月余，悉复出定襄击匈奴，斩首虏万余人……是岁也，大将军姊子霍去病年十八，幸，为天子侍中。善骑射，再从大将军，受诏与壮士，为剽姚校尉，与轻勇骑八百直弃大军数百里赴利，斩捕首虏过当。于是天子曰："剽姚校尉去病斩首虏二千二十八级，及相国、当户，斩单于大父行籍若侯产，生捕季父罗姑比，再冠军，以千六百户封去病为冠军侯。上谷太守郝贤四从大将军，捕斩首虏二千余人，以千一百户封贤为众利侯。"（《史记·卫将军骠骑列传》）

司马迁在记叙中有时用"斩"，有时用"捕"，有时两字同用，但从不用"射杀"一词，说明这次汉军出动依旧多为近战。

关于元狩二年（公元前121年）霍去病一次出征的描述，更能直接体现汉军冲击加肉搏的战术：

冠军侯去病既侯三岁，元狩二年春，以冠军侯去病为骠骑将军，将万骑出陇西，有功。天子曰："骠骑将军率戎士逾乌盭，讨遫濮，涉狐奴，历五王国，辎重人众慑慴者弗取，冀获单于子。转战六日，过焉支山千有余里，合短兵，杀折兰王，斩卢胡王，诛全甲，执浑邪王子及相国、都尉，首虏八千余级，收休屠祭天金人，益封去病二千户。"（《史记·卫将军骠骑列传》）

这段文字中的"合短兵"，毫无疑问是说霍去病靠白刃战打了胜仗。

元狩四年（公元前119年）夏，汉武帝以卫青、霍去病为将，命他们率军大举出塞，与匈奴进行决定性会战：

> 赵信为单于谋曰："汉兵既度幕，人马罢，匈奴可坐收虏耳。"乃悉远北其辎重，皆以精兵待幕北。而适值大将军军出塞千余里，见单于兵陈而待，于是大将军令武刚车自环为营，而纵五千骑往当匈奴。匈奴亦纵可万骑。会日且入，大风起，沙砾击面，两军不相见，汉益纵左右翼绕单于。单于视汉兵多，而士马尚强，战而匈奴不利，薄莫，单于遂乘六，壮骑可数百，直冒汉围西北驰去。时已昏，汉匈奴相纷挐，杀伤大当。（《史记·卫将军骠骑列传》）

司马迁对于这一战的细节描述很能体现出汉骑兵的肉搏优势。

卫青深入大漠，在兵力不占优势的情况下骤遇以逸待劳的匈奴单于主力，形势一时变得十分危急。卫青先让军队结成环形阵，避免被匈奴骑兵冲散，然后"纵五千骑往当匈奴"，也就是派出五千骑兵为先锋，与匈奴骑兵正面对抗。既然此处司马迁用了"往"字，就说明汉军先锋是主动前进以缩短与匈奴骑兵之间距离的；紧接着又用一"当"字，说明应该是近身白刃战。一旦近战，汉军骑兵的优势就体现出来了：虽然匈奴"亦纵可万骑"，但汉军能够以一敌二，逐渐占据上风，逼得匈奴单于不得不逃。

在《史记》的其他篇目中，我们还可以从匈奴人的角度侧面印证汉军的新战术：

单于闻之，远其辎重，以精兵待于幕北。与汉大将军接战一日，会暮，大风起，汉兵纵左右翼围单于。单于自度战不能如汉兵，单于遂独身与壮骑数百溃汉围西北遁走。汉兵夜追不得。行斩捕匈奴首虏万九千级，北至阗颜山赵信城而还。（《史记·匈奴列传》）

汉骠骑将军之出代二千余里，与左贤王接战，汉兵得胡首虏凡七万余级，左贤王将皆遁走。骠骑封于狼居胥山，禅姑衍，临翰海而还。（《史记·匈奴列传》）

司马迁在对漠北决战的叙述中用了几个"接战"，接者合也，也就是近距离接触，可见是白刃战无疑。

有汉武帝的远略，有卫、霍两人在骑兵战略战术上的革新与运用，困扰了大汉边境六十多年的匈奴人就这样被彻底打败了。

第二章　人心篇

逃脱鸿门宴：刘邦真的信任张良吗？

良曰："料大王士卒足以当项王乎？"沛公默然，曰："固不如也！且为之奈何？"张良曰："请往谓项伯，言沛公不敢背项王也。"沛公曰："君安与项伯有故？"（《史记·项羽本纪》）

01

刘邦先入咸阳，项羽大怒，想对刘邦出兵。项羽的叔叔项伯悄悄来到刘邦军中，提醒张良此事，想叫张良和他一起离开。张良不肯，并将事情详细告知刘邦。上述引文中的对话，便是发生在这个时候。

"君安与项伯有故"中的"安"是一个疑问副词，可以译为"怎么"，表示疑问的语气。语气上的疑问来自心中的狐疑——刘邦在怀疑张良。可这个时候，恰恰是刘邦最不该表达怀疑的时候，因为他正面临着巨大危机：

沛公左司马曹无伤使人言于项羽曰："沛公欲王关中，使子婴为相，珍宝尽有之。"项羽大怒，曰："旦日飨士卒，为击破沛公军！"（《史记·项羽本纪》）

一旦项羽攻击过来，刘邦可没有胜算：

当是时，项羽兵四十万，在新丰鸿门；沛公兵十万，在霸上。（《史记·项羽本纪》）

人数处于劣势，打是打不过，怎么办呢？生死存亡之际，张良给出一个解决办法：请项伯做说客，尽力斡旋。

张良是在救刘邦的命，刘邦本应该对他感激不已才是，可他的反应却是怀疑起对方的忠诚。有句老话叫"用人不疑，疑人不用"，更何况此刻正迫切需要对方，按常理来讲，即使心中真的有疑也不该流露出来，他就不怕张良受疑后一走了之吗？

但对于这件事，微妙的地方就在于刘邦又不得不疑。

大战在即，双方即将分胜负、决生死，如此敏感重要的时刻，敌方项伯突然来到自己的地盘上，还在自己完全不知情的情况下将珍贵的情报泄露给自己的军师。如果这样都不怀疑一下，刘邦还有什么资格争天下？

不能疑，又不能不疑，如何才能完美处理？刘邦的选择是展现自己的善疑。

所谓"为上者疑，为下者惧"。刘邦作为上位者，太多的怀疑会给下属带来心理负担，但善疑不是多疑，重点是"善"：在该怀疑的时候防备一下，不该怀疑的时候大胆用人。

"怀疑"二字在刘邦这里，已成了帝王控制臣下的一种手段。怀疑不一定是真的认为对方有问题，只是想让对方知道畏惧，给对方提个醒：要听话，不要有二心。这是多么高明的心思！

02

刘邦对怀疑的运用简直出神入化。"君安与项伯有故？"这样轻描淡写的一句问话，出现的时机可谓巧妙极了。

项伯是项羽阵营的人，你张良怎么会和他有联系？而且之前我并不知道，你为什么不告诉我一下？难道你对我并不是全心全意的忠心？此刻是不是和项伯一起来欺骗我？但这样紧急的时刻你能来告诉我，说明心中还是向着我，我本不该怀疑你，可我又必须给你提个醒。

刘邦的心理活动都体现在了他的语气上。"君安"，"你怎么"，并不严厉，仿佛是在责备亲密的朋友没有对自己敞开心扉。

张良的回答也非常得体：我曾经救过他的命，现在他来报答我的救命之恩。

张良曰："秦时与臣游，项伯杀人，臣活之；今事有急，故幸来告良。"（《史记·项羽本纪》）

没有比救人性命更大的恩德了，所以即使项伯赶来泄露军机，也完全合情合理。且又因为这是陈年旧事，所以以前没有主动去提。

得到回答之后的刘邦话锋立转：

沛公曰："孰与君少长？"良曰："长于臣。"沛公曰："君为我呼入，吾得兄事之。"（《史记·项羽本纪》）

看看！他完全相信张良的回答，立刻毫无保留地执行起张良的计划，对刚刚的疑问提都不提了。

试想，如果刘邦真心怀疑张良，他的态度会转变得如此之快吗？世事洞明，人情练达，没有人比刘邦更懂这些。

刘邦的另一次怀疑是针对大功臣萧何的。《史记》载，萧何听从门客的建议，故意侵占田产，扰民乱法，以此消除了刘邦的疑虑。

"上所为数问君者，畏君倾动关中。今君胡不多买田地，贱贳贷以自污？上心乃安。"于是相国从其计，上乃大说。（《史记·萧相国世家》）

可我倒以为，刘邦同样不是真的怀疑萧何。当初萧何一直帮刘邦坐镇后方，要反真是易如反掌，而且成功的可能性也很大，怎会等到现在？刘邦肯定也知道这点，现在不过是疑这么一下，敲打敲打萧何罢了。真要是怀疑，难道萧何做做样子就能被放过吗？

刘邦用怀疑提醒，萧何用行动表态，君臣一来一往，其实颇多默契。"为上者疑，为下者惧"，就是如此。好在刘邦能够把握好怀疑的尺度，这可不是所有人都能做到的。相比之下，同是皇帝的朱元璋就疑得太过了，远不及刘邦。

　　尝与客饮，帝密使人侦视。翌日，问濂昨饮酒否，坐客为谁，馔何物。濂具以实对。笑曰："诚然，卿不朕欺。"（《明史·宋濂传》）

刘邦真的要杀功臣樊哙？

其后卢绾反，高帝使哙以相国击燕。是时高帝病甚，人有恶哙党于吕氏，即上一日宫车晏驾，则哙欲以兵尽诛灭戚氏、赵王如意之属。高帝闻之大怒，乃使陈平载绛侯代将，而即军中斩哙。陈平畏吕后，执哙诣长安。至则高祖已崩，吕后释哙，使复爵邑。（《史记·樊郦滕灌列传》）

01

对于《史记》中的这一段，如今人们大多解读为刘邦在生命垂危时思路不清，激于怒气做出的不理智举动；或者解释为刘邦为日后布下的局，因为樊哙是吕后的妹夫，而且掌握军权，刘邦怕他在自己死后与吕后联合，所以想提前杀掉他。

司马迁对史料素材运用之妙，往往要各篇补充着看才能发现。做出如上两种推测的的人应该都没有注意到《陈丞相世家》中的一段描述：

高帝怒曰："哙见吾病，乃冀我死也。"用陈平谋而召绛侯周勃受诏床下，曰："陈平亟驰传载勃代哙将，平至军中即斩哙头！"（《史记·陈丞相世家》）

此处，最关键的细节是四个字：用陈平谋。

司马迁已经写明，杀樊哙这件事是刘邦与陈平谋划后的结果，既然是谋定而后动，那就绝不是一时情绪上头，刘邦的骂语只不过是掩人耳目而已。而另一面，这一行动背后的意图，也绝不仅仅是担心樊哙投靠吕后而要提前除去那么简单。

02

其实按理来讲，刘邦最不会杀的人就是樊哙。

刘邦在考虑到局势利益的时候的确杀伐果断，也杀了一些功臣，但仔细审读史料就会发现，西汉开国一百多位功臣，真正被刘邦杀了的只有三个王爵、一个侯爵，被吕后杀了的有两个王爵。换句话说，这些人都是不姓刘的异姓诸侯王：齐王（楚王）韩信、梁王彭越、淮南王英布、赵王张耳、燕王臧荼（后燕王卢绾）、长沙王吴芮、韩王信。而萧何、曹参、周勃、樊哙、王陵、夏侯婴、雍齿、灌婴、周苛、周昌这些从丰沛起就跟着刘邦打天下的功臣，都得到了善终。

樊哙与刘邦的关系比别个更亲密，他既是刘邦最信任的好友，也是帮刘邦打天下的大功臣：

舞阳侯樊哙者，沛人也。以屠狗为事，与高祖俱隐。

初从高祖起丰，攻下沛。高祖为沛公，以哙为舍人。从攻胡陵、方与，还守丰，击泗水监丰下，破之。复东定沛，破泗水守薛西。与司马㭈战砀东，却敌，斩首十五级，赐爵国大夫。常从，沛公击章邯军濮阳，攻城先登，斩首二十三级，赐爵列大夫。复常从，从攻城阳，先登。下户牖，破李由军，斩首十六级，赐上间爵。从攻围东郡守尉于成武，却敌，斩首十四级，捕虏十一人，赐爵五大夫。从击秦军，出亳南。河间守军于杠里，破之。击破赵贲军开封北，以却敌先登，斩候一人，首六十八级，捕虏二十七人，赐爵卿。从攻破杨熊军于曲遇。攻宛陵，先登，斩首八级，捕虏四十四人，赐爵封号贤成君。从攻长社、辕辕，绝河津，东攻秦军于尸，南攻秦军于犨。破南阳守齮于阳城。东攻宛城，先登。西至郦，以却敌，斩首二十四级，捕虏四十人，赐重封。攻武关，至霸上，斩都尉一人，首十级，捕虏百四十六人，降卒二千九百人。（《史记·樊郦滕灌列传》）

《史记》中有七十列传，只有樊哙传的开篇这么任性，罗列出了他的每一项功劳。樊哙确实劳苦功高，所以天下大定论功行赏时，他居功臣排行榜的前五：

《索隐》曰：姚氏云"萧何第一，曹参二，张敖三，周勃四，樊哙五，郦商六，奚涓七，夏侯婴八，灌婴九，傅宽十，靳歙十一，王陵十二，陈武十三，王吸十四，薛欧十五，周昌十六，丁复十七，虫达十八"。（《三家注史记·高祖功臣侯者年表》）

除了是功臣，樊哙还娶了吕后的妹妹为妻，成了刘邦的连襟，所以刘邦对他一直都比别人更亲近。

哙以吕后女弟吕须①为妇，生子伉，故其比诸将最亲。（《史记·樊郦滕灌列传》）

更不用说，当初在鸿门宴上，樊哙还对刘邦有救命之恩：

项王曰："壮士，赐之卮酒。"则与斗卮酒。哙拜谢，起，立而饮之。项王曰："赐之彘肩。"则与一生彘肩。樊哙覆其盾于地，加彘肩上，拔剑切而啖之。项王曰："壮士，能复饮乎？"

樊哙曰："臣死且不避，卮酒安足辞！夫秦王有虎狼之心，杀人如不能举，刑人如恐不胜，天下皆叛之。怀王与诸将约曰'先破秦入咸阳者王之'。今沛公先破秦入咸阳，豪毛不敢有所近，封闭宫室，还军霸上，以待大王来。故遣将守关者，备他盗出入与非常也。劳苦而功高如此，未有封侯之赏，而听细说，欲诛有功之人。此亡秦之续耳，窃为大王不取也。"

项王未有以应，曰："坐。"樊哙从良坐。坐须臾，沛公起如厕，因招樊哙出。（《史记·项羽本纪》）

而且，就在不久前，刘邦刚对樊哙委以重任：

---

① 即《史记·陈丞相世家》中的吕嬃。

高帝从破布军还，病创，徐行至长安。燕王卢绾反，上使樊哙以相国将兵攻之。（《史记·陈丞相世家》）

当时，刘邦将时任左丞相的樊哙提升为相国，然后命令他出兵北上，去平定燕王卢绾的叛乱。被赐予了相国头衔，樊哙与相国萧何就可以并列为大汉第一重臣，在朝堂上就可以拥有更多话语权，至少名义上是如此。

樊哙出征是在二月，四月刘邦便去世了。显然，刘邦在病中把军队交给樊哙时，就已经做好了一别之后此生不再见面的准备。他的这个安排，有让樊哙在自己身后掌握军队的意味。

给予相权，又给予军权，这是多么大的信任！而这样的信任，仅仅因为有人说了一句坏话，连调查取证都没有，就被破坏了？精明如刘邦，当然不会如此儿戏。

也许有人会说，杀樊哙的理由似乎也很充分：一旦樊哙平乱后顺利归来，就有权倾朝野的可能。刘邦明白其中隐藏的巨大祸患，被旁人说动，下急令让周勃和陈平持符节去夺樊哙的军权也不是没有可能。但如果是这样，刘邦就不考虑樊哙会被逼反的可能吗？毕竟樊哙率领的军队是十余万大汉精锐，如果他不像扶苏那样接到诏书就自尽，而是做困兽一搏，造成的损失不会比让他活着小。

03

无论从哪个角度看，刘邦好像都不该做出杀樊哙的举动。那么，他非要这么做，真实意图是什么？这个谜题的答案，就藏在此次行动的人选上——在派出周勃的同时，他又派了陈平。

为什么一定要让陈平去呢？因为对于周勃和陈平是怎样的人，刘邦知之甚深：

上曰："……陈平智有余，然难以独任。周勃重厚少文，然安刘氏者必勃也，可令为太尉。"（《史记·高祖本纪》）

真要杀樊哙，派周勃一人就行，要是担心他势单力孤，就该加派一个和他一样稳重果决、不想太多的人。他们做起事来忠心，会不问因由地执行，这样才容易成功。可刘邦反其道而行之，用了"智有余"的陈平，可见他是故意增加变数。

《韩非子·人主》有云："人主之所以身危国亡者，大臣太贵，左右太威也。所谓贵者，无法而擅行，操国柄而便私者也。所谓威者，擅权势而轻重者也。此二者，不可不察也。"这段话是在说，君主之所以会遇到身危国死的情况，是因为大臣过分显贵、近侍过分逞威。显贵，就会无视法令而独断专行，掌握国家大权来谋取私利；逞威，就会独揽权势而为所欲为。

该如何避免这种大臣太贵、太威的情况出现呢？答案只有两个字：制衡。

所谓制衡，也就是通过深思熟虑的安排，让各方势力彼此制约，达到一种平衡。我在时，局势不会乱；我不在了，别人依然不敢乱动，局势仍然平稳。做得到这一点才是高明的政治家，才是对帝王心术正确运用。

苏轼曾评价道："古之英主，无出汉高。"刘邦死前杀樊哙的这一安排，就是将帝王术运用到了极致，将制衡考虑到了极致。

首先，他要敲打樊哙，这是对樊哙一方的制衡。

皇帝将大军交给臣下带出去远征，即使再信任，也必然会有所顾虑，需要警示一二，聪明的臣子也必须要表示一下，回应这种警示。比如当年的王翦，他就很懂秦始皇的心思：

> 于是王翦将兵六十万人，始皇自送至灞上。王翦行，请美田宅园池甚众。始皇曰："将军行矣，何忧贫乎？"王翦曰："为大王将，有功终不得封侯，故及大王之乡臣，臣亦及时以请园池为子孙业耳。"始皇大笑。王翦既至关，使使还请善田者五辈。或曰："将军之乞贷，亦已甚矣。"王翦曰："不然。夫秦王怚而不信人。今空秦国甲士而专委于我，我不多请田宅为子孙业以自坚，顾令秦王坐而疑我邪？"（《史记·白起王翦列传》）

王翦一个劲儿地要田要地，是在表明一种态度：我完成使命后会交出军权，回家养老。秦始皇对此自然很满意，所以才大笑。

此前，刘邦也曾这般敲打过萧何：

> 汉三年，汉王与项羽相距京索之间，上数使使劳苦丞相。鲍生谓丞相曰："王暴衣露盖，数使使劳苦君者，有疑君心也。为君计，莫若遣君子孙昆弟能胜兵者悉诣军所，上必益信君。"于是何从其计，汉王大说。（《史记·萧相国世家》）

秦王大笑，刘邦大悦，可见帝王的心都是相通的。现在，刘邦放出话来要杀樊哙，这就是对樊哙的一个警示，让他不敢恣意妄为。

其次，刘邦要避免假戏成真，于是派出陈平，这正是对周勃一方的制衡。

周勃厚重少文，如果只派他去，他会忠实地执行命令，樊哙要么必死，要么造反。如果樊哙反了，局面立刻大乱，垂死的刘邦也无力挽回；如果樊哙死了，等刘邦驾崩，吕后一定会动手对付以周勃为代表的功臣集团，后者当然也不会坐以待毙，两方直接摊牌火并，大汉陷入内斗，江山危矣。

要陈平跟着，就是让他制约周勃，这是他与刘邦共同定下的计谋。

再次，刘邦要为大汉天下的未来做长远安排，此举是对朝中各方势力的制衡。

大汉建国之初，朝中主要有三大势力，也是江山的三大支柱——刘氏诸王、功臣集团、以吕雉为首的外戚。只有让这三者相互制衡，才能避免政局动荡，皇权稳固。但此时，刘邦的儿子们还太小，除了刘肥都尚未成年，刘氏诸干还没有成为一支成熟的力量，刘邦需要平衡的重点就是功臣集团和吕氏外戚了。

在刘邦的设想中，等他一死，吕后就会联合樊哙，夺取智计不足的周勃的兵权，之后很快就能对功臣集团形成碾压的局势。吕后只有刘盈一个儿子，刘盈在时她可以辅政，一旦刘盈不在了，江山改姓吕也不是难事。所以，必须要有一段平衡期，让功臣集团和吕氏互相制约，谁也不能做大，等刘氏诸王成长起来，他们将成为新的力量打破局面。

在这种局面下，刘邦安排陈平救下樊哙，相当于让他施恩于两方。

首当其冲当然是功臣集团，因为陈平救下樊哙也就间接地救了周勃。虽然陈、周两人都是刘邦想要留下的托孤重臣，但性格、能力截然不同，关系也算不上好，"杀樊哙"一事可以成为两人冰释前嫌的契机。同时，陈平也能借此机会取得功臣集团的好感与信任。要知道，陈平投靠刘邦的时间比较晚：

是日乃拜平为都尉，使为参乘，典护军。诸将尽讙，曰："大王一日得楚之亡卒，未知其高下，而即与同载，反使监护军长者！"汉王闻之，愈益幸平。（《史记·陈丞相世家》）

因此，那些从一开始就和刘邦一起打天下的功臣们对陈平并没有什么好感。

绛侯、灌婴等咸谗陈平曰："平虽美丈夫，如冠玉耳，其中未必有也。臣闻平居家时，盗其嫂；事魏不容，亡归楚；归楚不中，又亡归汉。今日大王尊官之，令护军。臣闻平受诸将金，金多者得善处，金少者得恶处。平，反覆乱臣也，原王察之。"（《史记·陈丞相世家》）

周勃就曾带头诬告过陈平，如果不给他们一个机会缓和彼此的关系，如何进一步合作？而一旦陈平被功臣集团接受，就相当于刘邦为他们安排了一个谋主。张良设计请出商山四皓①的时候，就已有支持

---

① 即东园公、绮里季、夏黄公、甪里先生。

吕后的意思了，如果功臣集团没有一个谋主，如何能与拥有张良的吕氏外戚制衡？也唯有陈平的智计可以对标张良。

此后事情的发展也如刘邦的设计：

> 吕太后立诸吕为王，陈平伪听之。及吕太后崩，平与太尉勃合谋，卒诛诸吕，立孝文皇帝，陈平本谋也。审食其免相。（《史记·陈丞相世家》）

"陈平本谋"四字，已说明了陈平的重要程度。如果功臣集团没有了他这个谋主，诛吕行动的结果会怎样实在很难说。

而在施恩功臣之外，刘邦此举也是让陈平施恩于吕后。

刘邦有意托孤于陈平，如果日后吕后为了夺权要杀陈平怎么办？前有韩信为例，吕后杀起人来可是毫不手软也不计后果的。于是刘邦创造机会让陈平救下樊哙，事情变得不同了，陈平相当于纳了一份投名状给吕后。之后需要怎么做，陈平这样的聪明人还用教吗？

> 平行闻高帝崩，平恐吕太后及吕嬃①谗怒，乃驰传先去。逢使者诏平与灌婴屯于荥阳。平受诏，立复驰至宫，哭甚哀，因奏事丧前。吕太后哀之，曰："君劳，出休矣。"平畏谗之就，因固请得宿卫中。太后乃以为郎中令，曰："傅教孝惠。"是后吕嬃谗乃不得行。樊哙至，则赦复爵邑。（《史记·陈丞相世家》）

---

① 即《史记·樊郦滕灌列传》中的吕须。

因为担心吕嬃（樊哙妻子）进谗言、吕后信谗言，陈平在刘邦死后紧急赶回宫廷，在灵前向吕后禀奏处理樊哙一事的经过。这当然是故意说给吕后听的，要她明白究竟是谁救下了樊哙。吕后此时还不是完全相信陈平，但对他已经有了好感，而谨慎的陈平害怕吕嬃继续鼓动吕后，所以才坚决请求留宿宫中，担任警卫。吕后于是任命他为郎中令，让他好好教导孝惠皇帝。

樊哙恢复了原来的爵位和封邑，可事情还没完，因为吕嬃记仇得很，于是《史记》中还有另一段记叙：

吕嬃常以前陈平为高帝谋执樊哙，数谗曰："陈平为相非治事，日饮醇酒，戏妇女。"陈平闻，日益甚。吕太后闻之，私独喜。面质吕嬃于陈平曰："鄙语曰'儿妇人口不可用'，顾君与我何如耳。无畏吕嬃之谗也。"（《史记·陈丞相世家》）

吕嬃就是一位寻常女子，所想全是为丈夫出气，实在没什么权谋心计。她多次进陈平的谗言，岂不知这正是吕后想听到的。而在见到陈平果真不理政务后，吕后也只会高兴，应该说，直到此刻她才算放下心来。

由此观之，陈平救下樊哙是多么重要的铺垫，没有这一行为，恐怕他已经被吕后杀了。

就这样，刘邦的一句"安刘氏者必勃也"保住了周勃，一出"杀樊哙"的谋划保住了陈平，这两人后来成为左右丞相，在吕后死后刘氏平定诸吕的过程中做出巨大贡献。

在我看来，刘邦安排的杀樊哙这出戏或许还会影响到更深远的地方。

想想看，除掉诸吕势力之后，大汉的最高权力会落到哪里呢？刘邦当然是希望刘氏家族能够顺利接权，所以他把没有兵权却智计深沉的陈平和有兵权却少智谋的周勃组合在一起，也有保障刘氏未来的意思。

陈、周的组合表面相互扶持，其实又相互制约，双方都不希望对方掌握核心权力，于是最佳选择就是找刘邦的儿子来继承帝位。智有余但忠诚度一般的陈平大概率会出卖周勃来博取新皇帝的信任，这样他就又与刘氏诸王站在了一起，对功臣集团形成新的制衡。

我的推测并非没有根据，《史记·陈丞相世家》中有载：

孝文帝立，以为太尉勃亲以兵诛吕氏，功多；陈平欲让勃尊位，乃谢病。孝文帝初立，怪平病，问之。平曰："高祖时，勃功不如臣平。及诛诸吕，臣功亦不如勃。愿以右丞相让勃。"于是孝文帝乃以绛侯勃为右丞相，位次第一；平徙为左丞相，位次第二。

陈平是真的在推让吗？不，他是欲取先予，欲擒故纵，退一步坐等周勃出错。

居顷之，孝文皇帝既益明习国家事，朝而问右丞相勃曰："天下一岁决狱几何？"勃谢曰："不知。"问："天下一岁钱榖出入几何？"勃又谢不知，汗出沾背，愧不能对。（《史记·陈丞相世家》）

周勃完全回答不出皇帝的问题，皇帝只好转向陈平寻求解答：

于是上亦问左丞相平。平曰："有主者。"上曰："主者谓谁？"平曰："陛下即问决狱，责廷尉；问钱谷，责治粟内史。"上曰："苟各有主者，而君所主者何事也？"平谢曰："主臣！陛下不知其驽下，使待罪宰相。宰相者，上佐天子理阴阳，顺四时，下育万物之宜，外镇抚四夷诸侯，内亲附百姓，使卿大夫各得任其职焉。"孝文帝乃称善。（《史记·陈丞相世家》）

陈平回答得堪称完美，两相对比之下，他在轻描淡写间就卖了队友。

右丞相大惭，出而让陈平曰："君独不素教我对！"陈平笑曰："君居其位，不知其任邪？且陛下即问长安中盗贼数，君欲强对邪？"于是绛侯自知其能不如平远矣。居顷之，绛侯谢病请免相，陈平专为　丞相。（《史记·陈丞相世家》）

在此情形下，周勃只能识趣地请求免相，陈平就此成了唯一的丞相。

将汉初诸事前后关联分析之后，我别无话讲，只能再次引用前人对刘邦的评价：

后世循高祖则鲜有败事，不循则失。（王安石）

人类历史上最有远见、对后世影响最大的两位政治人物，一位是开创罗马帝国的恺撒，另一位便是创建大汉文明的汉高祖刘邦。恺撒未能目睹罗马帝国的建立以及文明的兴起，便不幸遇刺身亡，而刘邦却亲手缔造了一个昌盛的时期，并以其极富远见的领导才能，为人类历史开创了新纪元。（英国著名历史学家汤恩比）

做出此番评价的王安石也是政治家，他大概更能理解刘邦的长远眼光吧。如此看来，以刘邦的心计，霸王项羽输得实在不冤。如果是项羽得了天下，他能将身后事安排到这种地步吗？

能解白登之围的"陈平奇计"究竟奇在哪里？

> 高帝用陈平奇计，使单于阏氏，围以得开。高帝既出，
> 其计秘，世莫得闻。（《史记·陈丞相世家》）

01

刘邦一生多历凶险，登基为帝后与匈奴交战时发生的白登之围，大约是他晚年最凶险的经历之一，之所以能够脱险，靠的是陈平之计。此计被称为"奇计"，司马迁的一句"世莫得闻"更是将悬念推到极致——这究竟是一条怎样的计策？

对此，东汉时的大儒郑玄说："以计鄙陋故秘不传。"南北朝时的裴骃与郑玄看法一致："此策乃反薄陋拙恶，故隐而不泄。"他们两人都认为陈平的这条计策肯定是非常丑陋、非常阴险、非常下作的，所以才秘不能说，以免损害汉高祖的形象，可惜他们并没有说出此计的内容究竟是什么。不过，根据《史记》中其他文章对白登之围的描述，其实可以发现一些端倪：

高帝使使厚遗阏氏，冒顿开围一角。高帝出欲驰，婴固徐行，弩皆持满外向，卒得脱。（《史记·樊郦滕灌列传》）

上出白登，匈奴骑围上，上乃使人厚遗阏氏。阏氏乃说冒顿曰："今得汉地，犹不能居；且两主不相厄。"居七日，胡骑稍引去。（《史记·韩信卢绾列传》）

高帝乃使使间厚遗阏氏，阏氏乃谓冒顿曰："两主不相困。今得汉地，而单于终非能居之也。且汉王亦有神，单于察之。"冒顿与韩王信之将王黄、赵利期，而黄、利兵又不来，疑其与汉有谋，亦取阏氏之言，乃解围之一角。（《史记·匈奴列传》）

写《高祖本纪》时，司马迁要为尊者讳，所以有些话不能直接说。但韩王信和卢绾都是背叛了大汉的叛徒，匈奴则是大汉的敌人，从他们的视角记叙白登之围时自然可以不用避讳，表达更加自由，也便更加真实客观。司马迁在《史记》中多次采用各篇之间互相勾连补充史实的方法，因此在其他篇目中的记述是可以采信的。

以上引用的三篇记载中都出现了一个相同的词——"厚遗"。这样看来，所谓的陈平奇计，不过是重金贿赂而已，何奇之有呢？而贿赂的对象，还是单于的阏氏（妻子），靠吹枕边风的方式脱困有点不光彩，难怪不愿意写明。

02

但阏氏的话真的会有用吗？这个其实是很可以质疑的，毕竟冒顿单于杀起自己的"爱妻"来，连眼睛都不眨一下：

居顷之，复以鸣镝自射其爱妻，左右或颇恐，不敢射，冒顿又复斩之。居顷之，冒顿出猎，以鸣镝射单于善马，左右皆射之。于是冒顿知其左右皆可用。从其父单于头曼猎，以鸣镝射头曼，其左右亦皆随鸣镝而射杀单于头曼，遂尽诛其后母与弟及大臣不听从者。冒顿自立为单于。（《史记·匈奴列传》）

而将自己的阏氏送人的时候，他也是非常干脆利落：

居顷之，东胡以为冒顿畏之，乃使使谓冒顿，欲得单于一阏氏。冒顿复问左右，左右皆怒曰："东胡无道，乃求阏氏！请击之。"冒顿曰："奈何与人邻国爱一女子乎？"遂取所爱阏氏予东胡。（《史记·匈奴列传》）

这样一个人会被枕边风打动？对于这一点，提出质疑的人众多。

如今的大部分人认为，白登之围是一次汉与匈奴势均力敌的战斗，刘邦因为轻敌冒进才中了冒顿的埋伏，但他的步兵大军正在赶来增援的路上，因此冒顿也不敢妄动。既然双方谁也奈何不了谁，自然只能谈判，而陈平无非是刘邦派去谈判的使者，所谓的"奇计"，不过是在谈判中许诺给对方种种利益条件而已，借阏氏之口劝说也只是给冒顿一个台阶。

这样的说法并不新鲜，在十多年前的论文里已经有过了：

可见，匈奴所处的自然条件极其恶劣，而且，这对其对外政策也有很大影响。他们的一系列政策的制定与实施都是旨在维系本集团的最大利益———以游牧方式生存与发展。因此,他们很有可能利用围困刘邦这个机会向汉提出诸多要求,达到双赢互惠的目的。就此推之,他们对经济利益的追求是对刘邦等人网开一面的主要原因。(孙键:《关于"白登之围"若干问题之探究》)

这个观点的确颇为合理,我们且看关于白登之围这一战的各方描述:

匈奴仗左右贤王将万余骑与王黄等屯广武以南,至晋阳,与汉兵战,汉大破之,追至于离石,复破之。匈奴复聚兵楼烦西北,汉令车骑击破匈奴。匈奴常败走,汉乘胜追北,闻冒顿居代谷,高皇帝居晋阳,使人视冒顿,还报曰"可击"。上遂至平城。(《史记·韩信卢绾列传》)

可见在白登之围前,汉军是连战连捷的,打掉了诸多匈奴据点。

此战的导火索其实是韩王信叛变投降了匈奴,还反过头来攻击大汉,而汉军此时已经击败了韩王信,连破其军,狠狠回敬了匈奴染指中原的试探:

转攻韩信军铜鞮,破之。还,降太原六城。击韩信胡骑晋阳下,破之,下晋阳。后击韩信军于硰石,破之,追北八十里。还攻楼烦三城,因击胡骑平城下,所将卒当驰道为多。勃迁为太尉。(《史

记·绛侯周勃世家》)

不仅如此，周勃统率的汉军精锐还回师进攻了楼烦的三座城，趁势在平城之下攻击胡人骑兵。

高帝使使厚遗阏氏，冒顿开围一角。高帝出欲驰，婴固徐行，弩皆持满外向，卒得脱。益食婴细阳千户。复以太仆从击胡骑句注北，大破之。以太仆击胡骑平城南，三陷阵，功为多，赐所夺邑五百户。（《史记·樊郦滕灌列传》）

平城之战结束后，汉军的行动竟然没有停止。夏侯婴以太仆的身份跟随刘邦在勾注山以北地区继续进攻匈奴骑兵，继续北上作战，而且继续大破之。

看过这些记载，不必进行详尽的分析也能知道，汉匈在平城之战差不多是打了个平手，甚至汉军略有小胜。正是有了这样的局势，白登之围时双方才得以谈判。谈判期间，陈平代表刘邦开出条件，换得匈奴解开包围放走刘邦。

03

若只看计策的内容，或许的确不够奇诡，但分析历史不能先入为主，今天的我们已经知道了事情的前因后果，自然不以为奇，可如果回到当时的情境中去呢？

首先，陈平对献策时机的把握就堪称为奇。

在白登山，冒顿困住了刘邦和他的先头部队，却久攻不下，因为此时的刘邦有三个因素可恃，而其中的第一个，也是相当重要的一个，就是军心不乱。

在三国时期，关羽围住樊城，孙权在准备偷袭之前给曹操写了封信，告知其自己准备攻打关羽，并嘱咐曹操不要将消息泄露出去。曹操问群臣自己该如何做，谋士董昭这样回答：

又，围中将吏不知有救，计粮怖惧，傥有他意，为难不小。露之为便。且羽为人强梁，自恃二城守固，必不速退。（《三国志·魏书》）

董昭认为，一定要让被围困的军队知道这个消息，因为对于被围住的士兵而言有无援军关系重大。如果知道援军会来，他们就能死守到底；如果没有，就容易生出投降、逃跑甚至叛乱的念头。曹操采纳了董昭的意见，事情的发展也果然如董昭所料：城中守军志气百倍，关羽犹豫不撤。

在樊城之危的几百年前，刘邦也面临着相似的处境，好在他的士兵知道主力部队此时正在向山上增援，所以战斗意志极为坚定。而刘邦当然也会把援军将至的消息传递给冒顿，后者也一定会派出侦察骑兵去核实，待消息核实后，他在围与不围的决策上就会陷入摇摆。攻心不坚，何谈败敌？

刘邦自恃的第二个因素，是己方精良的装备。汉、胡骑兵的装备一直差距很大。匈奴人以骑射为主要攻击手段，但缺乏铁器，没有铁箭头的箭难以射穿汉军甲胄，而汉军的铁质武器却能轻易杀伤匈奴士兵。

其（匈奴人）主要装备弓箭为进攻武器，虽然配备有刀铤等近战兵器，但由于其步战肉搏能力较弱、护体武装仅为革笥木鞯、缺乏形制较为完备的马具而完全没有马上肉搏能力，故其近战兵器仅为应急，实战作用不大。（宋鲁彬：《中国古代突骑研究——以秦汉至南北朝为中心》）

第三个因素是指挥有方。和刘邦一起被围的这些人都是经历了楚汉战争洗礼的大汉精英，他们进退有据，临危不乱，面对敌人的进攻可以做出正确且及时的应对。

但在三点优势之外，被围困了七天的刘邦也面临一个致命的问题——粮草短缺。

这四个因素综合在一起，成为冒顿做出决策的依据。在合围刘邦的一开始，他必然是志在必得的，可是几次进攻不成，刘邦的三个优势一一显现，他就要开始权衡利弊了。

随着时间的流逝，围与不围就如一架天平的两端，逐渐形成了一个脆弱的平衡，只要往某一边添上些许砝码，天平就会倾斜。可砝码放得早一刻，冒顿志在必得，不会听取任何关于谈判的意见；晚一刻，刘邦援军逼近，冒顿想撤退也来不及，双方唯有死战。选择正确的时间点献策谈判并不容易，而陈平对时机的把握可以说是刚刚好。

陈平献策的手段也堪称为奇。

冒顿单于正犹豫不能决，大汉君臣行策稍有不当，就可能引起匈奴人的疑心和反感，到那时结果未可预料。危难时候向刘邦建言献计的不是只有陈平一个人，《汉书·匈奴传》中就记录了另一种策略：

会汉初兴，以高祖之威灵，三十万众困于平城，士或七日不食。时奇谲之士石画之臣甚众，卒其所以脱者，世莫得而言也。

面对几种方案，刘邦最后采用了陈平的，应该是因为相比于其他人，陈平之计更具有可行性和可操作性。当然，其中可能也有陈平过往经历的加成，要知道，此前陈平在关键时刻所做的谋划都是成功了的，这无疑会让刘邦信任他。

陈平用谋有什么特点呢？

《史记》写人，往往会先叙述一件看起来微不足道、十分琐屑的小事，这件小事中体现出的人物特质会犹如线索般贯穿人物的一生，甚至决定着人物的命运。在写陈平时，司马迁也用了这种方法：

渡河，船人见其美丈夫独行，疑其亡将，要中当有金玉宝器，目之，欲杀平。平恐，乃解衣裸而佐刺船。船人知其无有，乃止。
（《史记·陈丞相世家》）

船夫以为陈平带了金银珠宝，想要杀人越货，陈平发现后并没有马上开口说自己没有钱，因为那样会让船夫认为是此地无银三百两，加快动手。他解开衣服帮船夫一起划船，船夫将他身上所携之物看得清清楚楚，便放弃了。

这件事体现出了陈平用谋的特质：因势利导，让对方自己得出一个有利于己方的结论。

如果想让某个人在自己脑子里形成某个结论、做出某种判断，直接讲道理其实是最低级的做法。陈平不会这样做，他会运用各种手段给出一个个的暗示或线索，其中有真也有假，因为全真不能误导，全假又容易被识破。依据这些"线索"，被陈平算计的人便会顺势得出结论，并对此深信不疑——结论是自己做出的，怎么会有人怀疑自己？

高明的猎人往往以猎物的形式出现，让真正的猎物自己送上门来。如果以今天的知识来看，这就是心理学中的助推效应——对人的行为或思维模式稍微进行引导，就能对结果产生巨大影响。这是对人性最深的利用。

陈平对项羽使用的反间计也极好地体现了他的这个特质：

陈平曰："……大王诚能出捐数万斤金，行反间，间其君臣，以疑其心，项王为人意忌信谗，必内相诛。汉因举兵而攻之，破楚必矣。"汉王以为然，乃出黄金四万斤，与陈平，恣所为，不问其出入。

陈平既多以金纵反间于楚军，宣言诸将钟离眜等为项王将，功多矣，然而终不得裂地而王，欲与汉为一，以灭项氏而分王其地。项羽果意不信钟离眛等。项王既疑之，使使至汉。汉王为太牢具，举进。见楚使，即详惊曰："吾以为亚父使，乃项王使！"复持去，更以恶草具进楚使。楚使归，具以报项王。项王果大疑亚父。亚父欲急攻下荥阳城，项王不信，不肯听。（《史记·陈丞相世家》）

有人说陈平的计策太简单明显了，不过是故意给使者换个菜而已，范增一眼就能识破，怎么项羽还会上当？项羽也太愚蠢了！

可站在项羽的角度想想，其实一切都顺理成章。

陈平先给出第一个线索，宣扬钟离眛等人不忠，项羽开始对这些人产生怀疑。然后陈平做了第二件事，故意以使者不是范增派遣的为借口，给使者换上不好的饭菜。此时项羽会怎么想？先是钟离眛这些武将私联刘邦，范增现在竟也背叛我，与刘邦有联系！

之后范增的反应，更坐实了项羽的怀疑：

使者归报项王，项王乃疑范增与汉有私，稍夺之权。范增大怒，曰："天下事大定矣，君王自为之。愿赐骸骨归卒伍。"项王许之。行未至彭城，疽发背而死。（《史记·项羽本纪》）

稍微夺去一点范增的权力，也许只是项羽的试探而已，可范增却大怒，项羽的怀疑由此加深。整个过程中，陈平从未与项羽直接对话，只是给出一些铺垫，让项羽自己做判断。项羽多疑又自负，对于这种人，陈平的用谋方式是致命的。

冒顿的性格和项羽十分相似，他们都一样自负，一样意志坚定，如果直接派遣使者到他面前陈说他自己早已在心中权衡过许多次的利害关系，不仅根本无法打动他，还会让他觉得自己的尊严受到挑战，能力受到质疑。

在众所周知的烛之武退秦师的故事里，烛之武去见秦伯的目的明明是解救郑国，开口的第一句却是"秦晋围郑，郑既知亡矣"，为什么？因为他要迎合秦伯的君主威严，欲扬先抑，以退为进。若一上来就直取秦伯逆鳞，惹怒了秦伯，后面的话还怎么说出口？

陈平也是一样，他要引导，然后让冒顿自己得出结论，因此他选择通过冒顿的阏氏来传话。阏氏是冒顿的妻子，依附于他，她给出的建议，冒顿不会认为是居高临下的教导，而会认为是一种关心。这样一来，他会认为最后的决策仍然是自己做出的，自己没有被人左右，心理上的自负和尊严便得到了完美的保护。

这就是陈平一贯的谋略风格，因势利导，越是意必固我的人越容易中招。

通过阏氏传话，在旁人看来不奇，但从冒顿单于的角度出发，难道不正是奇策吗？易地而处，有谁能在这种时候选择迂回地走侧面路线？

05

然后就要考虑一个问题了：阏氏的建议冒顿真的会采纳吗？她真的能成为改变天平倾斜方向的砝码吗？前文不是还说，冒顿根本不在意自己的女人吗？对此，我们需要引入更多史料，对匈奴阏氏的地位和作用进行更深入的了解。

首先应明确一点，单于阏氏们的出身并不一致：

称作阏氏的人并非单一一类，同样，阏氏的来源也并非单一。阏氏的出身主要为四种：匈奴国中名族、收继婚姻、政治联姻、战争俘虏。（崔幼玲、段巧玲、冯永芳：《匈奴的阏氏及其社会地位》，《和田师范专科学校学报》2022年4月，第41卷第2期）

匈奴帝国的主体是几个强大的部落，它们之间彼此通婚，成为统治阶层的核心。冒顿杀掉和送出的阏氏，多半是俘虏而来的，不可能是国中名族出身。如果是名门阏氏，在匈奴政治中是占有重要地位的，有时甚至可以影响单于的继承。

白登之围时，冒顿的阏氏能够随军出征，就说明她不是一般的出身，应该是来自国中的名门贵族。她在军中是可以参与一些事务管理和相关决策的，她的话可以代表着自己所属部族的意见，冒顿岂能不重视？

接下来需要考虑的是如何打动阏氏，让她替刘邦说话。对于这个问题，古人已有看法：

或云："陈平为高帝解平城之围，则言其事秘，世莫得而闻也。此以工妙踔善，故藏隐不传焉。子能权知斯事否？"吾应之曰："此策乃反薄陋拙恶，故隐而不泄。高帝见围七日，而陈平往说阏氏，阏氏言于单于而出之，以是知其所用说之事矣。彼陈平必言汉有好丽美女，为道其容貌天下无有，今困急，已驰使归迎取，欲进与单于，单于见此人必大好爱之，爱之则阏氏日以远疏，不如及其未到，令汉得脱去，去，亦不持女来矣。阏氏妇女，有妒媚之性，必憎恶而事去之。此说简而要，及得其用，则欲使神怪，故隐匿不泄也。"刘子骏闻吾言，乃立称善焉。（桓谭：《新论》）

应劭曰："陈平使画工图美女，间遣人遗阏氏，云汉有美女如此，今皇帝困厄，欲献之。阏氏畏其夺己宠，因谓单于曰：'汉天子亦有神灵，得其土地，非能有也。'于是匈奴开其一角，得突出。"（颜师古注：《汉书》）

许多研究者对此很不认同，认为利用阏氏的嫉妒和害怕失宠的心理让她帮忙只是桓谭、应劭的推测，并不可信。

师古曰："应氏之说出桓谭新论，盖谭以意测之，事当然耳，非纪传所说也。"（颜师古注：《汉书》）

可对于阏氏这样的女人，最可以利用的不就是她害怕失宠的心理吗？这样的计策之前不是没有过：

楚怀王至则囚张仪，将杀之。靳尚谓郑袖曰："子亦知子之贱于王乎？"郑袖曰："何也？"靳尚曰："秦王甚爱张仪而不欲出之，今将以上庸之地六县赂楚，美人聘楚，以宫中善歌讴者为媵。楚王重地尊秦，秦女必贵而夫人斥矣。不若为言而出之。"于是郑袖日夜言怀王曰："人臣各为其主用。今地未入秦，秦使张仪来，至重王。王未有礼而杀张仪，秦必大怒攻楚。妾请子母俱迁江南，毋为秦所鱼肉也。"怀王后悔，赦张仪，厚礼之如故。（《史记·张仪列传》）

郑袖担心秦女一来自己便会失去楚怀王的宠爱，于是劝说怀王放走张仪。陈平比张仪更进一步，不仅可以挑起阏氏的嫉妒心，还明确地给阏氏送去厚礼。这个办法，前人也曾用过：

孟尝君使人抵昭王幸姬求解。幸姬曰："妾原得君狐白裘。"此时孟尝君有一狐白裘，直千金，天下无双，入秦献之昭王，更无他裘。（《史记·孟尝君列传》）

匈奴是实行一夫多妻制的，妻、妾都为阏氏。正妻称为"颛渠阏氏"，相当于王后，首位妃嫔称为"大阏氏"，相当于元妃。比如呼韩邪单于就有五位阏氏，第一是颛渠阏氏，第二是大阏氏，被人熟知的王昭君则是他的宁胡阏氏。

冒顿当然也不是只有一位阏氏，那么现在在他身边的这位担心自己失宠被弃，也是情理中的事。用打动过郑袖的方法和打动过幸姬的方法双管齐下，打动她并不难。

说动了阏氏之后，还要传授话术。《史记·匈奴列传》中阏氏传递给冒顿的那番话极富针对性，想必应该是陈平的手笔。

"两主不相困"：汉军被困，处境危险，可天寒地冻，匈奴士兵也不好过，况且汉军的大部队正渐渐逼近，你也身处在危险之中。这种谁也吞不掉谁的情况下，聪明的君主会选择及时止损，而不是将自己置于未知的危险之中。

"今得汉地，而单于终非能居之也"：这一点是针对匈奴的生活习俗而提出的。匈奴与汉，游牧与农耕，是两种不同类型的文明，很难易地而处，即便夺得汉地也没什么用。

"汉王亦有神"：这句话其实是针对匈奴人心理的，他们比较相信神灵，后世苏武能活下来全靠这个：

> 单于愈益欲降之，乃幽武，置大窖中，绝不饮食。天雨雪，武卧啮雪，与旃毛并咽之，数日不死。匈奴以为神，乃徙武北海上无人处。（《后汉书·苏武传》）

这三句话设计得处处符合匈奴人的需求，又特别适合阏氏这个匈奴自己人来说，于是，冒顿心中决策的砝码就这样被轻轻地加上了一点，而砝码之上一定还有陈平开出的大量利益条件。

> 于是高帝令士皆持满傅矢外乡，从解角直出，竟与大军合，而冒顿遂引兵而去。汉亦引兵而罢，使刘敬结和亲之约……高帝乃使刘敬奉宗室女公主为单于阏氏，岁奉匈奴絮缯酒米食物各有数，约为昆弟以和亲，冒顿乃少止。（《史记·匈奴列传》）

有了阏氏的劝说，有了和亲与岁奉，平衡就此被打破，刘邦顺势解困。

总结一下，白登之围刘邦得以脱困的原因有三：大汉援军、给予匈奴利益、陈平用计，缺一不可。而陈平奇计的内容，推测起来应该是先把握住谈判的时机，然后设计好说辞和可以开出的条件，用重金和女人争宠的心理打动阏氏，由阏氏劝说冒顿单于，最后得以成功。

经历了这一次大险，再加上之前数次的化险为夷，刘邦给予了陈平同时代功臣中最高的物质奖励：

高帝南过曲逆，上其城，望见其屋室甚大，曰："壮哉县！吾行天下，独见洛阳与是耳。"顾问御史："曲逆户口几何？"对曰："始秦时三万余户，间者兵数起，多亡匿，今见五千户。"于是乃诏御史，更以陈平为曲逆侯，尽食之，除前所食户牖。（《史记·陈丞相世家》）

什么叫"尽食之"？

（陈平）更封曲逆侯，尽食之。汉时封县侯，户数多少不同。如萧何始封酂侯，食八千户，后又益封二千户。元狩中以酂户二千四百封其曾孙庆，宣帝时以酂户二千封其玄孙建世，封号虽同，而租入迥别，盖一县之户不只此数，除侯所食外，其余归之有司也。高祖功臣尽食一县者，惟陈平一人。（清代学者钱大昕）

尽享全县各户的赋税收入，高祖的功臣中只有陈平一人有这个待遇。可是这样一次又一次地利用人性中的负面、弱点，陈平就没有反思过吗？也有，他说过一句很有名的话：

始陈平曰："我多阴谋，是道家之所禁。吾世即废，亦已矣，终不能复起，以吾多阴祸也。"（《史记·陈丞相世家》）

孝文帝二年（公元前179年），丞相陈平去世，谥号为献侯。他的儿子恭侯陈买接替侯位。陈买在位两年便去世了，他的儿子简侯陈恢接替侯位。陈恢在位二十三年去世，他的儿子陈何接替侯位。陈何在位二十三年时，犯了抢占他人妻子的罪，被处以死刑，封国被废除。

对此，司马迁评价说："定宗庙，以荣名终，称贤相，岂不善始善终哉！非知谋孰能当此者乎？"

韩信死后，为什么刘邦且喜且怜？

高祖已从豨军来，至，见信死，且喜且怜之，问："信死亦何言？"吕后曰："信言恨不用蒯通计。"高祖曰："是齐辩士也。"乃诏齐捕蒯通。（《史记·淮阴侯列传》）

01

如果要评选《史记》中刻画最入木三分、最富潜台词的细节描写，上述引文中的"且喜且怜之"五个字绝对可以当选。

此刻周围除吕后外无旁人，刘邦的反应应该是真实心情的流露——他事先并不知道吕后要诛杀韩信之事。那么，刘邦为什么会又喜又怜？这又涉及两个问题：吕后是以韩信谋反为借口杀了他的，韩信到底有没有反呢？刘邦自己又想不想杀韩信？

关于这些问题，一直以来就争议不断，就连史学"双璧"司马迁和司马光的记叙都不一致：

高祖且至楚，信欲发兵反，自度无罪，欲谒上，恐见禽。（《史记·淮阴侯列传》）

楚王信闻之，自疑惧，不知所为。（《资治通鉴·汉纪》）

两位司马大家一个认为韩信有反意，一个认为没有。直至今日，研究楚汉史的专家、学者、爱好者们关于韩信之死依然持这两种态度，且对于反与不反、杀与不杀的论述都很充分。

不过，虽然对韩信之死争议颇多，有两件事依然是可以确定的，我们不妨从这两项可以确定的内容出发，以此为基础再进行推论。

02

第一件可以确定的事，是韩信确为刘邦的心头之患，他必须被处理。

老生常谈的功高震主只是一个方面，其实换个角度看，韩信成为刘邦黑名单上的一员是存在历史必然性的，这是因为刘邦定天下之后采取了一种很特别的制度——分封制与郡县制并行。

郡县制由秦始皇嬴政开创，这是一个前无古人的伟大设计，是一种历史的进步，有利于中央集权，有利于天下统一。但在秦末汉初，绝大部分人的思想还停留在过去，他们以为秦帝国国祚极短也许正和郡县制的实行有关。直到唐代，经历了上百年的时间验证，拥有历史眼光的柳宗元才得出的结论：秦亡不是因为郡县制不好，而是因为用人不明：

时则有叛人而无叛吏，人怨于下而吏畏于上，天下相合，杀守劫令而并起。咎在人怨，非郡邑之制失也……然而封建之始，郡国居半，时则有叛国而无叛郡，秦制之得亦以明矣。继汉而帝者，虽百代可知也……郡邑不得正其制，守宰不得行其理。酷刑苦役，而万人侧目。失在于政，不在于制，秦事然也。（柳宗元：《封建论》）

可刘邦与常人不一样，毕竟在未成为帝王时，他就做过秦朝的亭长。

秦始皇将天下划分为三十六郡，每郡以郡守为最高首长。郡以下设县，县是秦朝最低一级的行政区域，秦朝的正式官职也仅仅设在县一级。县以下的官员就只是吏了，如主吏掾（功曹）、令史、狱掾、文无害、厩驺、仓吏、治狱吏等。县以下的最基层行政组织即乡、亭、里。

亭是准军事机构，日常配备弓弩、戟盾、刀剑、铠甲等武器。亭长的职责主要是维持乡里治安、缉捕盗贼，并候迎护送过往境内的官吏，还要负责官府文书邮件的传递等。

刘邦在担任泗水亭长期间，一定最直接、最深刻地感受过在这种制度下上级命令层层传达下来时的那种迅速与流畅，也一定感受到了中央对地方的掌控是多么直接且具体。

项羽战败自杀后，在韩信、英布、彭越等人的共同拥戴下，刘邦在齐地定陶正式登基称帝。没有一个皇帝能够抗拒中央集权的诱惑，刘邦也不能，并且坐上了皇位的刘邦更能理解到秦始皇开创郡县制的伟大，所以他心目中治理汉帝国的理想制度，必然也是郡县制。

但直接推行郡县制会遭到太多反对，因为还有很多的人保留着周代以来天下分封、诸侯称雄的思维，比如从前的项羽，比如此刻的韩信。

为了战胜项羽，刘邦付出了很高的代价。他将大片关东之地分封给韩信、彭越、黥布等人，以换得他们的合作。这就导致一个问题：此时的刘邦虽然贵为皇帝，但大片关东之地并不在他的直接掌控之中。强行推行郡县制，就相当于要这些异姓王把封地还回来，他们不反才怪。所以权衡之下，刘邦选择双轨并行。不过这只是一时权宜之计，刘邦想要的还是天下郡县，诸侯王是必须要消除的。

可到了韩信这里，王位却是他想要的。凭借巨大的功劳得到一块封地，然后世代传下去，这种裂土封王的思想几乎贯穿了韩信的一生：

吾如淮阴，淮阴人为余言，韩信虽为布衣时，其志与众异。其母死，贫无以葬，然乃行营高敞地，令其旁可置万家。（《史记·淮阴侯列传》）

以天下城邑封功臣，何所不服。（《史记·淮阴侯列传》）

使人言汉王曰："齐伪诈多变，反覆之国也，南边楚，不为假王以镇之，其势不定。原为假王便。"当是时，楚方急围汉王于荥阳，韩信使者至，发书，汉王大怒，骂曰："吾困于此，旦暮望若来佐我，乃欲自立为王！"（《史记·淮阴侯列传》）

对曰："楚兵且破，信、越未有分地，其不至固宜。君王能与共分天下，今可立致也。即不能，事未可知也。君王能自陈以东傅海，尽与韩信；睢阳以北至穀城，以与彭越：使各自为战，则楚易败也。"汉王曰："善。"于是乃发使者告韩信、彭越曰："并力击楚。楚破，自陈以东傅海与齐王，睢阳以北至穀城与彭相国。"使者至，韩信、彭越皆报曰："请今进兵。"（《史记·淮阴侯列传》）

韩信的王侯思想，《史记》中写得清清楚楚，尤其司马迁以"其母死，贫无以葬，然乃行营高敞地，令其旁可置万家"这样的细节作为韩信传的结语，用意甚明。

想实现天下郡县的刘邦需要所有人都是"臣"，可信仰分封建国的韩信坚定地要做另一种意义上的"王"，两者矛盾不可调和，韩信被处理就成了必然。

03

另一件可以确定的事，是刘邦不想背负杀害韩信的骂名。

必须处理，但处理的方式不一定是杀。杀当然最简单了，可难道就没有其他更好的办法了吗？

刘邦始终下不了决心杀韩信，是因为他对韩信有恩，以韩信的品格，他不一定会造反。

看看韩信过往的所作所为吧！当初项羽派武涉游说韩信，韩信是这样回答的：

汉王授我上将军印，予我数万众，解衣衣我，推食食我，言听计用，故吾得以至于此。夫人深亲信我，我倍之不祥，虽死不易。幸为

信谢项王！（《史记·淮阴侯列传》）

蒯通来劝说韩信时，他还是回答说：

汉王遇我甚厚，载我以其车，衣我以其衣，食我以其食。吾闻之，乘人之车者载人之患，衣人之衣者怀人之忧，食人之食者死人之事，吾岂可以乡利倍义乎！（《史记·淮阴侯列传》）

两次都提到了刘邦对自己的好，说明韩信是真的记恩，对刘邦多为感念。

两人之间亦君臣亦师友，让刘邦痛下杀手，终究有些不忍。但这绝不是最主要的原因，毕竟刘邦要从帝王的角度考虑局势。因此，另一个原因就显得更加重要了——韩信确实有才。

韩信的军事才能冠绝楚汉，这点毫无争议，甚至获得了"兵仙"的评语：

予放曰：古今来，太史公，文仙也；李白，诗仙也；屈原，词赋仙也；刘阮，酒仙也；而韩信，兵仙也！然哉！（茅坤）

刘邦眼光长远。大汉初定后潜在的敌人仍有很多，而韩信此时还年富力强，留着这位兵仙，可以让他做一把铲除敌人的快刀。后来刘邦在遭遇白登之围的时候，未必不曾思念韩信。

然而设想是好的，可如果韩信不愿为臣，那就是把刀尖对准自己，刘氏江山会多一个重大威胁。杀了可惜，不杀担心，在纠结中刘邦选择先用陈平之计抓了韩信：

> 上令武士缚信，载后车。信曰："果若人言，'狡兔死，良狗烹；高鸟尽，良弓藏；敌国破，谋臣亡。'天下已定，我固当烹！"上曰："人告公反。"遂械系信。至洛阳，赦信罪，以为淮阴侯。（《史记·淮阴侯列传》）

"人告公反"即"有人说你造反"，这句话真是意味深长——刘邦本人不信韩信造反，但有人告状，那便是一个很好的借口。

这次刘邦没有杀韩信，而是在洛阳释放了他，将他改封为淮阴侯，之后又将他送到长安软禁。

我以为，刘邦不直接下杀手，其实是在给韩信一个机会，希望他能明白时代变了，转变思想，放弃自己的王侯梦，接受自己同别人一样只是一个开国功臣而已。而刘邦把韩信送往长安，也还有另一层意思：希望他能和其他大臣搞好关系。

> 汉六年，人有上书告楚王韩信反。高帝问诸将，诸将曰："亟发兵坑竖子耳。"高帝默然。（《史记·陈丞相世家》）

被告造反却没有一个人为韩信求情，甚至不确认一下消息真假就直接要坑杀，可见韩信和其他大臣的关系真的不好。但大家都在长安，接触增多，如果韩信能趁机与其他人建立起良好的关系，他们也许就能阻止吕后对韩信下手，韩信至少可以多一个活着的机会。

可惜韩信实在缺乏政治眼光，也从没打算放弃自己的高傲：

信知汉王畏恶其能，常称病不朝从。信由此日夜怨望，居常鞅鞅，羞与绛、灌等列。信尝过樊将军哙，哙跪拜送迎，言称臣，曰："大王乃肯临臣！"信出门，笑曰："生乃与哙等为伍！"（《史记·淮阴侯列传》）

司马迁用词太妙了，写樊哙称韩信为"大王"，两个字便展现了韩信的傲慢：他对自己的定位是诸侯王，认为樊哙、周勃这些人只是功臣而已，不屑与他们为伍。

时至今日，他没有一点改变。

在软禁期间，刘邦会找韩信聊天，大约也有借此看看韩信变了没有的意思。可韩信言辞无状，还是没有为臣的自觉：

上常从容与信言诸将能不，各有差。上问曰："如我能将几何？"信曰："陛下不过能将十万。"上曰："于君何如？"曰："臣多多而益善耳。"上笑曰："多多益善，何为为我禽？"信曰："陛下不能将兵，而善将将，此乃信之所以为陛下禽也。且陛下所谓天授，非人力也。"（《史记·淮阴侯列传》）

韩信说刘邦不能将兵，又说自己多多益善，这是其他臣子要犹豫琢磨也不敢直言的话。善于带将，则大约是给刘邦一个台阶下。

即便如此，刘邦依然存着保下韩信的心。

汉十年，陈豨果反。上自将而往，信病不从。（《史记·淮阴侯列传》）

汉高祖十一年，淮阴侯信称病，不从击豨，阴使人至豨所，与通谋。（《资治通鉴·汉纪》）

称病不从，说明刘邦是要求过韩信与自己一起出征的，他大概已经预感到自己一走吕后就要对韩信动手，这是他给予韩信的又一次机会。如果韩信这时能以臣子的身份随刘邦一起出征，他就不会留在长安，最后死在吕后的手中。可惜的是，韩信没有答应。

04

总而言之，韩信是个麻烦，但刘邦不忍杀他。明晰了这一点，我们再来回答本文开篇的那个问题。

刘邦打完仗回来，突然发现吕后（严格地说是吕后与萧何）已经痛下杀手，此时他的反应除了既喜且怜，还能有其他更合适的描述吗？

"喜"代表的是利益权衡，"怜"代表的是人性温情，喜在怜前，说明帝王心中仍以利害为先，然后才是人情。汉高祖先是手握江山的皇帝，然后才是那个"衣我以其衣，食我以其食"的刘邦。

韩信之死最让人感慨的地方就在于，刘邦并不是一个忘恩负义、擅杀功臣的帝王，而韩信也不是一个真心想要谋反的人。以韩信的才华能力，拥有成为一方诸侯王的梦想是十分自然且合理的事；但刘邦从帝王视角出发，追求实现治理天下如运臂使指的郡县制，彻底消灭诸侯割据（尤其还是异姓诸侯），也再合理不过。

　　大家都没有错，却必须死一个。

蒯通劝韩信造反，刘邦为什么还原谅他？

高祖已从豨军来，至，见信死，且喜且怜之，问："信死亦何言？"吕后曰："信言恨不用蒯通计。"高祖曰："是齐辩士也。"乃诏齐捕蒯通。蒯通至，上曰："若教淮阴侯反乎？"对曰："然，臣固教之。竖子不用臣之策，故令自夷于此。如彼竖子用臣之计，陛下安得而夷之乎！"上怒曰："亨之。"通曰："嗟乎，冤哉亨也！"上曰："若教韩信反，何冤？"对曰："秦之纲绝而维弛，山东大扰，异姓并起，英俊乌集。秦失其鹿，天下共逐之，于是高材疾足者先得焉。蹠之狗吠尧，尧非不仁，狗因吠非其主。当是时，臣唯独知韩信，非知陛下也。且天下锐精持锋欲为陛下所为者甚众，顾力不能耳。又可尽亨之邪？"高帝曰："置之。"乃释通之罪。（《史记·淮阴侯列传》）

　　蒯通原本叫蒯彻，因为要避汉武帝刘彻的名讳，后世称其为蒯通。他曾劝说韩信在刘邦和项羽争斗之时自立为王，三分天下。当时韩信正追随刘邦，这无异于让他造反。等韩信死了，刘邦抓住蒯通，准备杀掉他，结果曾撺掇韩信造反的蒯通竟凭一席话便成功让刘邦赦免了自己。

　　细细考量一下，引文中蒯通的话固然很有道理，却未必能真正救命。他先论述自己行为的合理性：秦失其鹿，天下共逐，在这个时候，大家都可以凭借着自己的能力追求权力，韩信当然也可以，那么我劝他封王自然也合情合理。如果不可以，那陛下您的行为也就是不对的，因为您也是凭借着自己的能力在灭秦争夺天下啊，您不能自己否定自己的行为。

　　以子之矛，攻子之盾，这是辩论家常用的话术。

　　道理上确实不好反驳，可刘邦如果执意要杀，根本不必和蒯通辩论道理。这时的刘邦可是皇帝！想当初他将萧何下狱，等觉得自己错了放萧何出来时，也不过就说了这样几句话：

　　相国休矣！相国为民请苑，吾不许，我不过为桀纣主，而相国为贤相。吾故系相国，欲令百姓闻吾过也。（《史记·萧相国世家》）

　　明明是自己错了，却说成我是故意这样做，好彰显你的名声，让百姓知道我的过错。明明是歪理邪说，但偏偏又说得自然流畅。这样有几分"流氓"品性的刘邦想杀蒯通，随便说个理由反驳敷衍一下不就可以了？

蒯通之后的话是针对帝王身份的刘邦说的：当时各为其主，我的主人是韩信，我不知道你是谁，我的行为在你看来是教唆韩信谋反，但在韩信看来却是在对他尽忠。您现在也是皇帝了，必然希望臣下都对您忠心不二，杀了我就是告诉天下人为自己主人尽忠的人得不到好下场，这样会堵塞天下人向您效忠的途径，您不掂量一下吗？

这几句话看似很有力量，也很实用，非常符合帝王的心理需求，许多人认为就是这里打动了刘邦，使刘邦免了蒯通的罪。但问题是，刘邦早就已经这么做过了，哪里还需要蒯通来说明这个道理？

季布母弟丁公，为楚将。丁公为项羽逐窘高祖彭城西，短兵接，高祖急，顾丁公曰："两贤岂相厄哉！"于是丁公引兵而还，汉王遂解去。及项王灭，丁公谒见高祖。高祖以丁公徇军中，曰："丁公为项王臣不忠，使项王失天下者，乃丁公也。"遂斩丁公，曰："使后世为人臣者无效丁公！"（《史记·季布栾布列传》）

当初丁公以为自己曾帮助过逃命时的刘邦，所以能从刘邦这里获得封赏，却没有想到此时的刘邦已经是帝王，需要的是天下人的忠诚，他想要的是借"背主求荣"的丁公的性命向天下展示为臣之道。

帝王考虑事情的基本出发点是利害关系，而刘邦又是极为善于权衡利害的人。在被敌人追逼的路上，他可以冷酷无情地抛弃自己养育了十来年的子女：

汉王道逢得孝惠、鲁元，乃载行。楚骑追汉王，汉王急，推堕孝惠、鲁元车下，滕公常下收载之。如是者三。曰："虽急不可以驱，奈何弃之？"于是遂得脱。（《史记·项羽本纪》）

刘邦不是只把孩子踹下车一次，而是"如是者三"。文言文中的"三"一般是约数，也就是说刘邦接二连三地推了几次。人道虎毒不食子，刘邦如此狠心，说明他既能审势又能权衡，反倒一定程度上体现出了他作为一个帝王的素质。

当时的形势，如果刘邦自己能逃跑掉，即使鲁元公主等人被抓住了也还有转圜的余地，但如果大家一起被抓，命运如何就只能看敌人心情了——这叫审势。车上的人，夏侯婴是重要的战斗力，不能丢；车夫是驾车逃命的，更不能丢；如此盘算，只有眼前的一对儿女对是负担——这叫权衡。有了审势与权衡，接着就是决断了：刘邦将鲁元公主和汉惠帝推下车去，减轻车子的负担，以便跑得更快。

将刘邦这份帝王权衡的本事放到蒯通这件事情上，蒯通的话一下就变得没有说服力了。刘邦杀丁公是彰显为臣要忠，可如果这次不杀蒯通，不就等于告诉天下人，只要忠心，不论效忠的对象是谁，即使犯了谋反大罪也可以不死？其中利弊，孰轻孰重？

况且刘邦杀蒯通还不仅仅是因为他曾劝韩信自立为王，更因为他劝说韩信去攻打已经决定投降的齐国，导致郦食其被烹杀。

刘邦对此事一直念念不忘，在封功臣时他就很想念郦食其，甚至破格将郦食其的儿子封了侯：

高祖举列侯功臣，思郦食其。郦食其子疥数将兵，功未当侯，上以其父故，封疥为高梁侯。（《史记·郦生陆贾列传》）

这么看来，就算是为了给郦食其报仇，刘邦也会动杀念，而他说要烹了蒯通，似乎并非无心。

但最后刘邦还是轻描淡写地放走了蒯通，这是为什么？

02

蒯通的大道理并不足以打动刘邦，他之所以能活命，答案应该在一个语言细节里："若教淮阴侯反乎？"

经过上一篇的分析我们知道，刘邦其实不信韩信真的会谋反，可吕后已经以谋反为由杀了韩信，刘邦很清楚，吕后杀的和他自己杀的也没什么分别，人们一定认为吕后的举动都是他的授意。要如何处理这件事呢？如果韩信谋反确有其事，杀韩信的行为也就具备合理性了。吕后作为杀人一方，她的话可信度不高，其他参与杀韩信一事的人也不行，最好能在他们之外寻到一个令人信服的人证出现。

问："信死亦何言？"吕后曰："信言恨不用蒯通计。"高祖曰："是齐辩士也。"乃诏齐捕蒯通。（《史记·淮阴侯列传》）

刘邦问韩信遗言，也许就是在寻找突破口，结果线索真的来了：韩信曾说出一个人的名字——蒯通。如此，蒯通就成了能让韩信谋反坐实的人证。

让蒯通这样一个聪明绝伦的辩士什么都不想安心等死，是绝对不可能的。被抓住后押送往长安的一段路，是留给蒯通最后的思考机会：自己为什么被抓？如何才能挽救自己的性命？

我们不妨推测一下面见刘邦时蒯通的心理预判：

如果在刘邦问起这件事的时候死不承认，韩信谋反就成了莫须有，那就意味着皇帝做错了，他杀功臣的骂名是背定了。如此一来，自己还能活吗？另一个选择就是承认，坐实韩信有反意，如此做是给皇帝铺一个台阶，合理化杀韩信的做法，虽然铤而走险，但或许自己可以活。

经过一番思考，接下来的对话就非常有意思了：

蒯通至，上曰："若教淮阴侯反乎？"（《史记·淮阴侯列传》）

刘邦开门见山，一点废话都没有，直接问蒯通是不是你教韩信谋反？蒯通也非常干脆，一点错愕或怀疑都没有，痛快无比地承认了：

对曰："然，臣固教之。竖子不用臣之策，故令自夷于此。如彼竖子用臣之计，陛下安得而夷之乎！"（《史记·淮阴侯列传》）

不仅承认了，还加强语气，重点强调了一下：是我教的他。

之后刘邦要杀，蒯通说冤，刘邦便再次发问：

若教韩信反，何冤？（《史记·淮阴侯列传》）

句式和上一句几乎一模一样，重点也还是"反"。然后蒯通便说了一番没法打动人的理由。对于他的这一番说辞，刘邦连回应一句"善"都没有，更没有任何反驳。前面他还与蒯通一问一答，可到了这里就根本不像对话了，他好像并不在意蒯通说什么，只等他说完，完成任务，然后说"置之"。

其实，蒯通在说出"臣固教之"的那一刻就不会死了，刘邦知道他已经上道儿，当然要放他走，让他向天下人继续转述刚刚那番话，传得越广越好。

蒯通之后漫游天下，为了彰显自己的聪明才智，他大约会将对刘邦说的那番话稍稍改编一下：我曾经教韩信谋反，他犹豫了，当时没反，这是他不智；我以忠为由向高祖解释，高祖便放我走了，这是高祖英明。以高祖之明杀掉有反心且不智的韩信，何过之有呢？

刘邦的心计、蒯通的话肯定是起作用了，所以后世的著名学者评论起韩信之死时，才大多集中在他能三分天下时不自立等方面，而绝少有人批评刘邦：

萧何、曹参，县吏也，韩信、陈平负污辱之名，有见笑之耻，卒能成就王业，声著千载。（曹操）

与汉汉重，归楚楚安。三分不议，伪游可叹。（司马贞）

汉以六合为家，是赖淮阴之策。（李世民）

夫乘时以徼利者，市井之志也；酬功而报德者，士君子之心也。

信以市井之志利其身，而以君子之心望于人，不亦难哉！（司马光）

信与沛公初见，凡说项羽处，字字拿着沛公，沛公卒受其益。（李贽）

太史公传淮阴，不详其兵法所授，此失着处。予览观古兵家流，当以韩信为最，破魏以木罂，破赵以立汉赤帜，破齐以囊沙，彼皆从天而下，而未尝与敌人血战者。予放曰：古今来，太史公，文仙也；李白，诗仙也；屈原，词赋仙也；刘阮，酒仙也；而韩信，兵仙也！然哉！（茅坤）

气盖世力拔山，见公束手，歌大风思猛士，为之伤怀。（王志湉）

到最后，还是刘邦看得最远。

十五岁少年为什么能凭一言左右丞相？

> 七年秋八月戊寅，孝惠帝崩。发丧，太后哭，泣不下。留侯子张辟彊为侍中，年十五，谓丞相曰："太后独有孝惠，今崩，哭不悲，君知其解乎？"丞相曰："何解？"辟彊曰："帝毋壮子，太后畏君等。君今请拜吕台、吕产、吕禄为将，将兵居南、北军，及诸吕皆入宫，居中用事，如此则太后心安，君等幸得脱祸矣。"丞相乃如辟彊计。太后说，其哭乃哀。吕氏权由此起。（《史记·吕太后本纪》）

01

"年十五"，史传中出现这种句式，通常意在表达主人公在很小的时候就做出了超乎这个年龄段的事情，强调其是神童或天才：

> 曾巩，字子固，建昌南丰人。生而警敏，年十二，试作《六论》，援笔而成，辞甚伟。（《宋史·曾巩传》）

何点，字子晰，年十一，居父母忧，几至灭性。（《南史·何点传》）

固字孟坚，年九岁，能属文诵诗赋。及长，遂博贯载籍。（《后汉书·班固传》）

张辟彊受此"殊荣"，按说也应是个神童，可他为什么在之后的历史中再没有任何一点事迹流传？他只出现在《吕太后本纪》中，且只出现了这一次，仿佛是一个推动吕氏上台的工具人。这很不合理。

司马迁这段记述中的不寻常之处还不止是张辟彊的生平。陈平是谁？曾经六出奇计，挽救刘邦、挽救大汉新生政权的人物；汉朝丞相，功臣集团举足轻重的人物；大谋略家，能和张良并举的人物。这样的人，竟然会听完一个十五岁孩子的一番话之后就"乃如辟彊计"，一切都按照他说的办。这也很不合理。

要想解释这种不合理，我们需要先宕开一笔，说一下张辟彊的父亲——留侯张良。

02

关于张良的去世时间，不同史书中的记载存在矛盾。按照司马迁的说法，他死于刘邦去世之后八年：

会高帝崩，吕后德留侯……后八年卒，谥为文成侯。子不疑代侯。（《史记·留侯世家》）

对照司马迁编辑的《高祖功臣侯者年表》，可以把张良去世的时间和留侯一脉的传承看得更明白些：

表2-1 高祖功臣侯者年表（局部）

国名	侯功	高祖十二	孝惠七	高后八	孝文二十三	孝景十六	建元至元封六年三十六，太初元年尽后元二年十八	侯第
留	以厩将从起下邳，以韩申徒下韩国，言上张旗志，秦王恐，降，解上与项羽之郄，为汉王请汉中地，常计谋，平天下，侯，万户	七六年正月丙午，文成侯张良元年	七	二六三年，不疑元年	四五年，侯不疑坐与门大夫谋杀故楚内史，当死，赎为城旦，国除			六十二

汉高祖六年（公元前201年）正月丙午，张良被封为留侯（"文成"是张良的谥号），到汉高祖去世，留侯张良累计为侯七年。汉惠帝在位七年，其间张良一直为侯。到高后（吕后）掌权的第二年（公元前186年），张良去世。次年，其长子张不疑接替留侯侯位，之后在位六年。孝文帝前元五年（公元前175年），二代留侯张不疑因犯下谋杀大罪，被判死刑，之后他通过赎买的方式得以活命，被改判为流放，侯位和封国也因此被剥夺。

高后二年，也就是公元前186年到公元前187年，而高祖刘邦逝世于公元前195年，算一算，张良刚好是在刘邦崩后八年过世的。

张良去世的时间在司马迁这里可以前后对照，并没有出入，但在另一本重量级史书——班固的《汉书》中，张良的死亡时间却不同了：

高帝崩，吕后德良，乃强食之，曰："人生一世间，如白驹之过隙，何自苦如此！"良不得已，强听食。后六岁薨。谥曰文成侯。（《汉书·张良传》）

按班固的记录，张良早死了两年，于是张不疑被废除封国的时间也提前了两年：

子不疑嗣侯。孝文三年坐不敬，国除。（《汉书·张良传》）

但是，同样来自《汉书》的《高惠高后文功臣表》中却记录道：

高后三年，侯不疑嗣，十年，孝文五年，坐与门大夫杀故楚内史，赎为城旦。

时间又变成了孝文五年。

在正传中的"孝文三年坐不敬"，难道是班固笔误了吗？

03

对比《史记》中传记与年表的记载，也就是说，在两本重量级史料中，共有四处记录了张不疑，但只有在《汉书》的《张良传》中写成了"孝文三年"，其余三处都是"孝文五年"。

为《汉书》做注释的大儒颜师古对功臣表中的注解是十分审慎且详细的，比如在注释阳陵景侯傅宽的位次时，颜师古在"十位次曰武忠侯"下面写道："汉列侯位次簿有谥号姓名与史所记不同者，表则具载矣。"这说明他是详细比对过《史记》的，若有不同的地方，便会指出导致不同的原因，可是在留侯这里，他就只注释说：

师古曰："门大夫，侯之属官也。"

浅浅解释了一下门大夫是什么，却对时间上的差异避而不谈。

不止班固与颜师古，宋代的史学大家司马光在《资治通鉴》中也默认了六年卒的说法：

汉惠帝六年夏天
六年①
冬十月，以王陵为右丞相，陈平为左丞相。
齐悼惠王肥薨。
夏，留文成侯张良薨。（《资治通鉴·汉纪》）

班固、颜师古、司马光等人博览群书，学识通天地，不可能没注

---

① 壬子，公元前189年。——作者注

意到自己的记录与《史记》存在差异，当然也不太可能是三人同时写错。他们故意这样写，很可能是在为尊者讳，为圣人隐。

古人在写史的时候，会有意不把历史记录得清楚直白，从而方便把一些不利于尊者、圣人的事隐去，以使后人保留对他们的敬仰之情。这是儒家礼仪精神的一种体现。

如果张良如司马迁的记录是死于刘邦崩后八年，而汉惠帝刘盈死于刘邦崩后七年，这就意味着刘盈死的时候张良还活着。换句话说，在张辟彊对陈平说"请拜吕台、吕产、吕禄为将"的时候，张良还在世。那么，张辟彊的这番话代表的会是谁的意思，岂不是一目了然？连张良都支持吕后，陈平自然也就从善如流地如"乃如辟彊计"了。

可大汉是刘家的天下，天下以刘氏为正统，吕后专权实属乱政。如今张良促成了吕氏上台，他的政治生涯中就有了一个污点。此时再看司马迁的这句话："吕氏权由此起。"难道不是对张良的一种批评吗？

司马迁格外强调的"年十五""留侯子"也就有了解释。他可谓深得孔子春秋笔法的真传，对细节的运用出神入化。

"其文直，其事核，不虚美，不隐恶，故谓之实录。"这是班固对《史记》的评价，他是懂司马迁的，但他不想像司马迁一样记录历史，他要为张良"隐"一卜，十是他改了张良去世的时间，让他死于高祖崩后六年，也就是死于汉惠帝去世的前一年，这样一来，张辟彊那番要陈平交出军权的话就只能解释为一位神童的洞若观火，而与张良无关了。

04

其实，即便班固改掉了时间，也改不掉这件事背后的权谋算计，因为张辟彊如果不是代表张良，那就一定代表着吕后。

在夺权之事上，吕后如果要选传话人，张辟彊的确最为适合。

当初，张良策划请出商山四皓，保住了刘盈的太子之位，吕后因此感激张良，投桃报李，自然会对张良的儿子特别照顾，所以张辟彊十五岁就能以侍中的身份陪在皇帝和太后身边，属于皇家母子的亲信。既是功臣之子，又是吕后亲信，这样的双重身份，当然是最好的传话人。

并且，吕后选张辟彊也许还有另一层意思。如果让一个成年人对陈平说出让权的话，陈平一定会多想：这个人的真实动机是什么？这番话仅仅是他自己的意思，还是背后另有其人？我会不会被利用？但张辟彊是半大孩子，背后必然有人支招，一看便清，陈平的思考不会被干扰到。

张良是高祖崩后八年卒还是八年卒，其实都改变不了张辟彊是个代言人的事实。权力博弈前先进行政治暗示，对方懂了，也愿意合作，那么就兵不血刃，大家合作愉快；如果不能合作，那就把博弈升级为搏斗，不再有后路，大家争个你死我活。

不知是不是因为张良帮助了吕氏，所以被刘氏诸王怀恨在心，汉文帝即位后，不出几年（要么三年，要么五年）就剥夺了张良传下的留侯爵位，而史书中对张不疑罪名的记录并不一致：

留侯不疑，孝文帝五年坐不敬，国除。（《史记·留侯世家》）

留侯不疑，坐与门大夫谋杀故楚内史，当死，赎为城旦，国除。（《史记·高祖功臣侯者年表》）

子不疑嗣侯。孝文三年坐不敬，国除。（《汉书·张良传》）

高后三年，侯不疑嗣，十年，孝文五年，坐与门大夫杀故楚内史，赎为城旦。（《汉书·高惠高后文功臣表》）

司马迁自己就写得矛盾，班固照搬，只是把时间改了一下。两人都留下这个矛盾，这件事本身就颇有意味。

"不敬"即得罪皇帝，罪过很大，但到底是怎么不敬？为什么不明说？如果是因为杀原楚国旧贵族，确实可以判死罪，但为什么要如此绝情，直接取消了爵位及封国？看在张良劳苦功高的分上，难道不可以把留侯的爵位转给张不疑的弟弟张辟彊吗？

张良的爵位二世而斩，对比同为汉初三杰的萧何，这种反常的严厉举措似乎更有潜台词。

萧何的酂侯爵位传到第二代，因萧禄无后而国除。吕后本已将南阳郡另封给了萧何夫人，但后来又让萧禄的弟弟萧同当了酂侯；萧同有罪，又让萧同的弟弟萧延当酂侯；再往下传到萧则，有罪，又传给萧则的弟弟萧嘉；之后爵位再传到萧胜，有罪国除，此时已经是汉武帝中后期，公元前127年了。又过七年，即公元前120年，汉武帝复封萧何的曾孙萧庆为酂侯……

萧何有四世后代因为犯罪失去了爵位，可每次爵位都能转给别的萧家人。如果酂侯断绝了继承人，汉天子还会再寻萧何的后代，将爵位续封给他。为何对张良一家不能如此？将这理解为皇帝对张家的刻意打击报复，也未尝不可。

现在再返回头看看惊鸿一现的少年张辟彊，他大概真的不是什么天才，所以之后才再无其他任何可记之事。不过这样也好，我愿意猜想他是得以善终的。

张良在汉初究竟有多重要？

　　留侯从上击代，出奇计马邑下，及立萧何相国，所与上从容言天下事甚众，非天下所以存亡，故不着。留侯乃称曰："家世相韩，及韩灭，不爱万金之资，为韩报仇强秦，天下振动。今以三寸舌为帝者师，封万户，位列侯，此布衣之极，于良足矣。愿弃人间事，欲从赤松子游耳。"乃学辟谷，道引轻身。会高帝崩，吕后德留侯，乃强食之，曰："人生一世间，如白驹过隙，何至自苦如此乎！"留侯不得已，强听而食。

　　后八年卒，谥为文成侯。子不疑代侯。（《史记·留侯世家》）

01

　　大汉立国后，张良曾和刘邦从容地谈论天下间的事情，最后他总结道，自己一生无憾，想要学仙，于是辟谷。

其实张良对刘邦说了很多，但这些都不能成为司马迁写《留侯世家》的素材，因为他选材的标准是事件能否影响到天下形势。这个"天下"，在《留侯世家》里自然指的是刘邦的汉家天下，也就是说，只有影响到大汉前途命运的事件才会被着重书写。

司马迁不愧是要"通古今之变"的人，这个标准真是宏大。然而就是在这样的选材标准下，他却写了一件关于张良的琐屑小事：吕后要求张良努力加餐饭，原本想辟谷修仙的张良无奈答应了。

结合上一段话看，我们好像可以读出司马迁的潜台词：张良吃不吃饭虽是件小事，却也能影响到大汉的命运。

这可能吗？

02

对于这个问题，我的答案不是"可能"，而是"几乎一定"。

按《史记·留侯世家》所写，张良每一次出谋划策几乎都是战略级的，的确都关乎着大汉的未来：

他建议刘邦贿赂敌将，智取峣关，刘邦得以比项羽先一步进入咸阳，达成楚怀王"先入关者王之"的约定。

他建议刘邦不要贪恋秦宫宝物，还军灞上，然后利用项伯向项羽传达赔罪之意，为随之而来的鸿门宴留下退路。如若不然，刘邦这句"吾入关，秋毫不敢有所近，籍吏民，封府库，而待将军。所以遣将守关者，备他盗之出入与非常也"可就是赤裸裸的欺骗了，如何还能消除项羽的怒气？若项羽怒气不消，楚汉硬拼，刘邦结局如何还未可知。

他建议刘邦烧毁栈道，迷惑项羽，结果项羽果然放松警惕，刘邦得以韬光养晦，为日后出关一战功成打下基础。

他建议刘邦重用韩信、彭越、英布三人，刘邦依计重用韩信、结盟彭越、策反英布，最终依靠这三人彻底战胜项羽，夺得了天下。

他建议刘邦销毁六国印信，集权中央，及时避免了重大战略错误，维护了刘氏集团的内部团结。

他建议刘邦封韩信为齐王，巩固了反楚联盟。

他建议刘邦赶快落实封赏，促使诸侯合围项羽于垓下。

他建议刘邦封赏雍齿，平衡了各派势力，稳定了汉初局势。

他建议刘邦定都关中，为后来周亚夫平定"七国之乱"奠定了战略优势。

而他的最后一次建议，更是直接关系着大汉的未来方向：

上欲废太子，立戚夫人子赵王如意。大臣多谏争，未能得坚决者也。吕后恐，不知所为。人或谓吕后曰："留侯善画计策，上信用之。"吕后乃使建成侯吕泽劫留侯……留侯曰："此难以口舌争也。顾上有不能致者，天下有四人。四人者年老矣，皆以为上慢侮人，故逃匿山中，义不为汉臣。然上高此四人。今公诚能无爱金玉璧帛，令太子为书，卑辞安车，因使辩士固请，宜来。来，以为客，时时从入朝，令上见之，则必异而问之。问之，上知此四人贤，则一助也。"

（《史记·留侯世家》）

即使多位大臣进行劝谏，刘邦还是对自己的继位者属意不定，最后还是要靠张良。他建议吕后请来商山四皓（"四人"），以此暗示刘邦，太子已经拥有了属于自己的政治力量，并且得到了士人的支持。刘邦这才叹息一句："我欲易之，彼四人辅之，羽翼已成，难动矣。吕后真而主矣。"彻底放弃了换掉太子的念头。

司马光有段评论，恰好从侧面点明了张良商山四皓之策的本质：

> 若决意欲废太子立如意，不顾义理，以留侯之久故亲信，犹云非口舌所能争，岂山林四叟片言遽能扼其事哉……四叟实能制高祖，使不敢废太子，是留侯为子立党，以制其父也，留侯岂为此哉……（《资治通鉴·考异》）

张良提议请来商山四皓为太子刘盈立党，其实就是已经在立太子一事上做出了自己的选择——他是站在太子一边的。

完成了这一谋划，张良觉得自己为大汉保驾护航的使命已经完成，可以功成身退了，毕竟《道德经》有云："功遂身退，天之道。"所以他才要学赤松子，学道游仙。

可惜树欲静而风不止。得到帮助的吕后虽然感谢张良此前的帮助，却不能满足他的愿望，要他好好吃饭，其实就是在变相地请求他留在朝中：

既然你用一条计策保住了太子的地位，也就说明你已经选择了帮助吕家，选择站在我这一方。此时朝中不稳，从丰沛起事时就跟随刘邦的功臣集团与刘氏诸王与我对立，我的孩子刘盈即位后局势能否稳定，还要靠你张良。不管是论威望、论能力，还是论与功臣集团的关系，除你之外还有谁能够维系起这个平衡的局面呢？所以你不能走，不能去学赤松子，你要留下，继续辅佐朝纲。

张良依吕后所请留了下来。按《史记》记载，他在刘邦死后又活了八年。

后八年卒，谥为文成侯。子不疑代侯。（《史记·留侯世家》）

公元前195年，刘邦去世，太子刘盈即皇帝位，刚刚十六岁。公元前188年，刘盈死于未央宫，在位七年。这七年间，百姓轻徭薄赋，休生养息，朝廷局势也相对稳定，没有尖锐的派系斗争，这一切的背后都有张良的影响。

《史记》微言大义，用一句"非天下所以存亡，故不著"，一句"吕后德留侯，乃强食之"，便藏下了张良的谋划和吕后的心计。

汉文帝刘恒登基前面对着怎样的云谲波诡？

> 代王驰至渭桥，群臣拜谒称臣。代王下车拜。太尉勃
> 进曰："愿请间言。"宋昌曰："所言公，公言之；所言
> 私，王者不受私。"太尉乃跪上天子玺符。（《史记·孝文
> 本纪》）

01

周勃为何要请即将成为天子的代工刘恒私下里说话？宋昌又为何不允许他这样做？这一切的缘由，要从代王刘恒入京的目的讲起。

代王刘恒此次前来是为继承皇位。他的母亲是薄姬，因与刘邦的一夕情缘怀上刘恒，之后便很少能见到刘邦了。

> 始姬少时，与管夫人、赵子儿相爱，约曰："先贵无相忘。"已
> 而管夫人、赵子儿先幸汉王。汉王坐河南宫成皋台，此两美人相与笑
> 薄姬初时约。汉王闻之，问其故，两人具以实告汉王。汉王心惨然，

怜薄姬，是日召而幸之。薄姬曰："昨暮夜妾梦苍龙据吾腹。"高帝曰："此贵征也，吾为女遂成之。"一幸生男，是为代王。其后薄姬希见高祖。（《史记·外戚世家》）

薄姬不是刘邦的皇后，刘恒也不是刘邦的长子，非长非嫡的刘恒在遵循嫡长子继承制的时代几乎是没有任何做皇帝的机会的。在他还不满十岁时，刘邦便将他封到代地，先都晋阳，后都中都。代地远离长安，荒芜贫瘠，并且与匈奴接壤，内忧外患俱全，分封到这里意味着他在刘邦心目中并无多少地位，倒是个为太子挡枪的合适人选。但塞翁失马，凡事有失必有得，远在代地的刘恒虽无继承皇位的希望，但也因此远离了汉初权力斗争的旋涡中心，躲过了吕后执政时期对刘氏诸王的残酷打击。

刘恒与自己的王后感情大约是不错的，在居代地的数年中两人接连生育了四个孩子，并且都是男孩。可他的王后究竟是谁，史书中竟然完全没有记载——这里是一处伏笔。

汉高后七年（公元前180年）八月，吕后去世，陈平与周勃联合刘氏诸王发动政变，迅速控制了长安局势，血洗吕氏一族：

太尉起，拜贺朱虚侯曰："所患独吕产，今已诛，天下定矣。"遂遣人分部悉捕诸吕男女，无少长皆斩之。（《史记·吕太后本纪》）

吕家无论男女老少全部被杀掉，九泉之下的吕后见此，不知心中会生出怎样的感慨。当初吕后磋磨戚夫人，还让汉惠帝刘盈去看戚夫人的惨状，也许就是想给他上这一课：权力斗争是相当残酷的。

翦灭吕氏势力之后，下一个问题就是另立新主。可是立谁呢？

诸大臣相与阴谋曰："少帝及梁、淮阳、恒山王，皆非真孝惠子也。吕后以计诈名他人子，杀其母养后宫，令孝惠子之，立以为后及诸王，以强吕氏。今皆已夷灭诸吕，而所立即长，用事，吾属无类矣。不如视诸王最贤者立之。"（《史记·吕太后本纪》）

若按照正常的"父死子继"继承方式，应该立惠帝的儿子为天子，可是那样的话，与吕氏一族渊源颇深的少帝长大成人后很可能会展开报复。所以，功臣集团直接否认了汉少帝等人的法理血统，说他们并非是惠帝的亲生儿子，这样一来，不仅陈平、周勃等人的政变具有了合法性，也为他们另立的藩王做好了铺垫。

那么，藩王之中又该选谁呢？

或言："齐王，高帝长孙，可立也。"大臣皆曰："吕氏以外家恶而几危宗庙，乱功臣。今齐王舅驷钧，虎而冠。即立齐王，复为吕氏矣。代王方今高帝见子最长，仁孝宽厚，太后家薄氏谨良。且立长固顺，况以仁孝闻天下乎！"乃相与共阴使人召代王。（《资治通鉴·汉纪》）

西汉帝国的三大支柱是功臣集团、刘氏诸王、吕氏外戚，最初功臣、外戚彼此制约，朝局才能平衡稳定。如今刘氏诸王成长起来，而外戚吕氏则被诛灭，功臣集团的对手变成了刘氏诸王。齐王势力强大，不好控制，反观代王，不仅本人仁孝宽厚，其母薄姬还家世低微，没有外戚势力可以依靠，更容易被操控，所以功臣集团最终没选身份更适合的嫡长孙齐王刘襄，而是把目光投向了代王刘恒。

只是他们想不到，这一次他们选错了。刘恒治理代地十数年，一面处理外部匈奴的侵扰，一面处理内部的各种行政事务，个人能力相当突出，可谓韬光养晦，沉潜在渊。要知道，在刘恒之前，是刘邦的哥哥刘喜当代王，结果刘喜被匈奴打得抛弃封地狼狈逃回，可是刘恒却把代地守得稳稳的。

在《史记·汉兴以来诸侯王年表》中的代国那一栏，经常连续好多年一片空白，无事可记。无事就是最大的本事。在代国，刘恒已经打造出了属于自己的班底，磨炼出了成熟的政治素养与老练的政治手腕。

02

以藩王的身份进京登基很容易受制于权臣。刘恒在来京之前已经明白了京中大臣的意图，这场关于最高权力的博弈在此刻就已经开始了。

丞相陈平、太尉周勃等使人迎代王。代王问左右郎中令张武等。张武等议曰："汉大臣皆故高帝时大将，习兵，多谋诈，此其属意非止此也，特畏高帝、吕太后威耳。今已诛诸吕，新喋血京师，此以迎

大王为名，实不可信。原大王称疾毋往，以观其变。"（《史记·孝文本纪》）

知道归知道，可具体要怎么做，刘恒自己也举棋不定，最后还是宋昌帮他做了决断：

中尉宋昌进曰："群臣之议皆非也。夫秦失其政，诸侯豪杰并起，人人自以为得之者以万数，然卒践天子之位者，刘氏也，天下绝望，一矣。高帝封王子弟，地犬牙相制，此所谓盘石之宗也，天下服其强，二矣。汉兴，除秦苛政，约法令，施德惠，人人自安，难动摇，三矣……方今高帝子独淮南王与大王，大王又长，贤圣仁孝，闻于天下，故大臣因天下之心而欲迎立大王，大王勿疑也。"（《史记·孝文本纪》）

宋昌列出三条理由，证明朝臣迎立代王一事是真，但他也很清楚，迎立代王是真，想架空皇权、控制代王也是真。可这是一个千载难逢的机会，所以他们不仅要去，还要见机行事，反制功臣集团，成为真正的掌权者。

于是代王乃遣太后弟薄昭往见绛侯，绛侯等具为昭言所以迎立王意。薄昭还报曰："信矣，毋可疑者。"代王乃笑谓宋昌曰："果如公言。"乃命宋昌参乘，张武等六人乘传诣长安。至高陵休止，而使宋昌先驰之长安观变。（《史记·孝文本纪》）

先派薄昭去试探真伪，可见刘恒的谨慎，而"乃笑谓宋昌"的一笑，更显示了刘恒的从容与成竹在胸。

03

长途奔波，代王刘恒来到长安，迎面就是一个"下马威"：

代王驰至渭桥，群臣拜谒称臣，代王下车答拜。太尉勃进曰："愿请间。"（《史记·孝文本纪》）

这是这场权力博弈的第一个回合。

"间"在此处是"私下"的意思。周勃表示要先在更秘密、更私人的场合与刘恒交谈。这个请求不算僭越，因为"请间言事"早已有之：

范雎日益亲，复说用数年矣，因请间说曰……（《史记·范雎蔡泽列传》）

李斯数欲请间谏，二世不许。（《史记·李斯列传》）

叔孙生奏事，因请间曰……（《史记·刘敬叔孙通列传》）

问题在于，周勃"请间言事"是想说些什么呢？如果是奉上玺符节一类的要事，刘恒不能不听，可是他若不拒绝，在群臣众目睽睽之下跟着周勃走到一边，这个举动的意味就大了：未来的皇帝要听周勃的话！这样一来，刘恒还未登基权力就会被架空。

这句问话是如此巧妙，大概是厚重少文的周勃在长期的官场周旋中成长了，或者是陈平在背后指点——汉高祖刘邦当初安排陈平与周勃搭班子，不知道是否想到会有这天。

关键时刻，又是宋昌站了出来。他的应对无懈可击：

宋昌曰："所言公，公言之。所言私，王者不受私。"太尉乃跪上天子玺符。（《史记·孝文本纪》）

如果你说的是关于即位的公事，就在群臣面前说；如果不是，那对不起，帝王不接受私礼。宋昌的一句话光明正大，既点出了周勃的私心，也把刘恒的天子身份提前暗示出来。到此刻，无言以对的周勃才交出了天子印玺。

功臣集团在第一回合中失利，但权力博弈并未就此结束：

群臣以礼次侍。乃使太仆婴与东牟侯兴居清宫，奉天子法驾，迎于代邸。皇帝即日夕入未央宫。（《史记·孝文木纪》）

夏侯婴与刘兴居先去清宫，然后刘恒于傍晚时分进入未央宫。《孝文本纪》中这样轻描淡写的一句话，实则意义深重。

什么是清宫？

东牟侯兴居曰："诛吕氏吾无功，请得除宫。"乃与太仆汝阴侯滕公入宫，前谓少帝曰："足下非刘氏，不当立。"乃顾麾左右执载者掊兵罢去。有数人不肯去兵，宦者令张泽谕告，亦去兵。滕公乃召乘舆车载少帝出。少帝曰："欲将我安之乎？"滕公曰："出就舍。"舍少府。（《史记·吕太后本纪》）

新皇帝已到门口，可宫中还住着吕后立的少帝，这让刘恒何以自处呢？所以要有人去清宫。可清宫就仅仅是将少帝带走，让他住到别处吗？当然不会如此简单。

夜，有司分部诛灭梁、淮阳、常山王及少帝于邸。（《史记·吕太后本纪》）

随着代王刘恒入宫登基，当天夜里，汉惠帝刘盈的所有剩余子嗣全部被杀，包括汉少帝刘宏及梁王刘太、淮阳王刘武、常山王刘朝。至于他们是被谁杀的，后人说法不一，有说是刘恒下令，也有说是诸臣自作主张，不过更可能的是诸大臣联名施压，然后用刘恒的名义命夏侯婴去处理，如此一来，所有人都是凶手，也便所有人都成了"无辜"。

值得一提的是，夏侯婴曾经是汉惠帝刘盈的救命恩人：

汉王败，不利，驰去。见孝惠、鲁元，载之。汉王急，马罢，虏在后，常蹶两儿欲弃之，婴常收，竟载之，徐行面雍树乃驰。汉王怒，行欲斩婴者十余，卒得脱，而致孝惠、鲁元于丰。（《史记·樊郦滕灌列传》）

谁能料到，多年后夏侯婴竟成了杀光刘盈后人的凶手之一。

当年夏侯婴救人，并不知道刘盈以后一定能成为天子，所以是出于情；此刻他协助杀人，是为了博取更大的权力。利终于泯灭了情，这就是权力斗争。如果刘盈有知，也许就能明白吕后要他去看戚夫人惨状的用意了吧。

04

其实，刘恒进入未央宫的过程并不顺利，他与功臣集团之间的第二次较量就发生在这个时候：

乃奉天子法驾，迎代王于邸。报曰："宫谨除。"代王即夕入未央宫。有谒者十人持戟卫端门，曰："天子在也，足下何为者而入？"代王乃谓太尉。太尉往谕，谒者十人皆掊兵而去。代王遂入而听政。（《史记·吕太后本纪》）

按理说，守门的十名谒者应该是夏侯婴等人留下来迎接刘恒的，但他们却出言阻挡。"天子在也"，即天子还在皇宫中，可明明清宫才刚刚完成。这一句话一定是得到了授意，其意是要否定刘恒的天子身份，指责刘恒假冒天子，擅自闯宫。

根据下文"谒者十人皆掊兵而去"，可见这十人手中都拿着兵器，此时他们很可能已经持械包围了刘恒一行。面对这个危险场面，刘恒没有与之纠缠，而是直接将此事告诉给周勃，让周勃去处理。

为什么是周勃？表面上自然是因为周勃掌兵，可私下里，这未尝不是对周勃的一个提醒：已经清宫，为什么还有人如此放肆？我知道这是你安排的人，我倒想看看，你周勃在宫中的影响力有多大。

周勃一来，说了几句话（太尉往谕），这十人立刻扔下武器走了（谒者十人皆掊兵而去），刘恒方得入宫（代王遂入）。这一段文字的意思已经明显得不需要解读了：在大汉皇宫中，即将成为皇帝的刘恒说话不好使，周勃的话才有用。同时，这也是周勃在给刘恒传达一个明确信息：你是我们迎立的，我们有能力立你，也就有能力换你。

这是一次暗藏的威胁。第二回合，是功臣集团赢了。

不过，刘恒在面对第二回合失利的时候没有退缩，反而展现出了极为老练的政治手腕——入宫后，他立刻发布了几条命令：

> 皇帝即日夕入未央宫。乃夜拜宋昌为卫将军，镇抚南北军。以张武为郎中令，行殿中。还坐前殿。于是夜下诏书曰："间者诸吕用事擅权，谋为大逆，欲以危刘氏宗庙，赖将相列侯宗室大臣诛之，皆伏其辜。朕初即位，其赦天下，赐民爵一级，女子百户牛酒，酺五日。"（《史记·孝文本纪》）

正所谓军权在手，天下我有。长安有两军，其中北军负责长安防卫，南军负责皇宫防卫。这两支军队极其关键，所以吕后死前把它们交给吕家人，并且叮嘱他们不能放手，而周勃之所以能诛灭吕氏，最关键的一步就是搞定了北军。正因此，刘恒这时才选择立即任命自己的心腹宋昌为卫将军，让他控制卫戍长安的军事力量。宋昌明权谋，知机变，有他看护，长安的局势就有保证。而郎中令是御前侍卫总管，负责贴身保护天子的安全，把郎中令也换成自己人，刘恒的性命也就有了保障。

军权拿到了手，刘恒又开始稳定人心。他把诸吕之乱定性为谋逆，如此便免去了功臣集团的后顾之忧，让陈平、周勃等人的行为变成匡扶社稷在诛吕平乱的过程中居功至伟，其间无论用了怎样的手段，杀了多少人，都可遮掩过去。

最后，刘恒还大赦天下，赐民爵一级。没有经过朝议就直接发布赐民爵的命令，他为什么这么急？一方面，当然是为了安抚天下，尽快平息政变导致的民间不安情绪，减少民间变乱发生的可能；另一方面，以皇帝的名义直接发布诏命还有一个更深远的用意：定名分。诏令一出，刘恒得到了民心，也在实质上宣告了他的新帝身份，一旦名分定下，其他人再有动作可就形同造反了。

就这样，功臣集团还来不及回味第二局的胜利，刘恒便扳回了一城，而这还仅仅只是个开始。

正式继位后，刘恒举措不断。他先是把吕氏家族的封地都赏给刘氏贵族，稳定住了刘氏诸王，取得了他们的拥护：

诸吕所夺齐、楚故地，皆复与之。（《资治通鉴·汉纪》）

后又封赏周勃、陈平、灌婴等人，安抚了权臣：

论诛诸吕功、右丞相勃以下益户、赐金各有差。（《资治通鉴·汉纪》）

公元前179年，刘恒在臣僚的强烈要求下册立皇长子刘启为太子，太子之母窦氏为皇后——这是为了表明皇位后继有人，避免权斗的发生和大臣的猜疑。

春，正月，有司请蚤（早）建太子……三月，立太子母窦氏为皇后。（《资治通鉴·汉纪》）

此后，为了制约功臣集团，刘恒开始大力提拔窦氏族人，两汉期间最为强大的外戚集团——窦氏集团由此兴起。

05

功臣集团棋差一着，刘恒的皇位渐渐稳固。既然胜负已分，按道理讲，他们之间的博弈也该结束了吧？然而并没有。

还记得前文的伏笔吗？刘恒在代地的时候娶了一位王后，也与王后生了四个男孩，他们都比刘启大，可是在立太子的时候，这位王后和这几个男孩都不见了踪影：

有司皆固请曰："……子启最长，纯厚慈仁，请建以为太子。"上乃许之。（《史记·孝文本纪》）

刘启是刘恒的第二任妻子窦氏所生的第一个男孩，却不是刘恒的第一个儿子。在讨论太子人选的时候，不论立嫡立长，似乎都轮不到刘启，然而这样的事情就是发生了。

代王王后生四男。先代王未入立为帝而王后卒。及代王立为帝，而王后所生四男更病死。孝文帝立数月，公卿请立太子，而窦姬长男最长，立为太子。（《史记·外戚世家》）

依照这段记录看，就在刘恒成为皇帝的那一年，他和代王后生的四个儿子一个接一个全都病死了。这是巧合的可能性有多大？从另一个角度说，司马迁作为生活在西汉武帝时代的人，距离汉文帝刘恒的时代不过几十年时间，可他甚至不能写出王后的姓名、生平和籍贯，连她那四个儿子的名字都没有记录，而且刘恒登基为帝后按惯例应该对王后进行册封才是，可实际上什么都没有，好像她就不曾存在过。这是多么不正常的事情。

早在2004年，学者郑晓时就写有一篇《汉初诛吕安刘的政变过程与历史意义》。在论文中他对这个不合理的细节进行了推测。他认为，代王王后与其所生诸子实非正常死亡，王后极有可能是吕家女，在诸吕政变中受牵连被杀，而其所生诸子因为有吕家血统不能被立为皇太子，之后更是干脆被杀。但这并不是刘恒的本意，他是受到功臣集团的胁迫不得不如此。

当然，也有观点认为，汉文帝刘恒与王后结婚时不过十四岁左右，身体发育还未成熟，生出来的孩子短寿夭折的可能性很大。但这个说法解释不了为什么王后和孩子们不能留下名字，也不能获得册封。

代王后之事只是一个侧影，无论真相如何，我们可以确定的是刘恒和功臣集团之间的斗争确实一直没有停止过，双方都希望能彻底压倒对方的力量，所以登基后刘恒才一直尽可能地打压周勃：

> 岁余，丞相平卒，上复以勃为丞相。十余月，上曰："前日吾诏列侯就国，或未能行，丞相吾所重，其率先之。"乃免相就国。（《史记·绛侯周勃世家》）

周勃被剥夺实权，赶出京师。回到家后的他仿佛明白了什么，每当河东郡守和郡尉巡视到绛县的时候就披甲执戈、严阵以待，一副害怕被杀的样子。

> 岁余，每河东守尉行县至绛，绛侯勃自畏恐诛，常被甲，令家人持兵以见之。（《史记·绛侯周勃世家》）

周勃距离死亡最近的一次，是被人告发有谋反的意图，最后还是靠狱中小吏的提点才得以脱险：

> 其后人有上书告勃欲反，下廷尉。廷尉下其事长安，逮捕勃治之。勃恐，不知置辞。吏稍侵辱之。勃以千金与狱吏，狱吏乃书牍背示之，曰"以公主为证"。公主者，孝文帝女也，勃太子胜之尚之，故狱吏教引为证。勃之益封受赐，尽以予薄昭。及系急，薄昭为言薄太后，太后亦以为无反事。文帝朝，太后以冒絮提文帝，曰："绛侯绾皇帝玺，将兵于北军，不以此时反，今居一小县，顾欲反邪！"文帝既见绛侯狱辞，乃谢曰："吏方验而出之。"于是使使持节赦

绛侯，复爵邑。绛侯既出，曰："吾尝将百万军，然安知狱吏之贵乎！"（《史记·绛侯周勃世家》）

可是，一个小小的狱吏真的有这样的胆子吗？和意图造反者有勾连，如果日后被查了出来，可不是被杀头这么简单的。所以，这次入狱或许只是刘恒对周勃的一次敲打，也许某一刻他真的动了杀心，但最后还是选择放周勃一马：

绛侯复就国。孝文帝十一年卒，谥为武侯。（《史记·绛侯周勃世家》）

周勃总算熬到了自然死亡，这场从他"愿请间言"开始的围绕帝国最高权力展开的博弈与交锋也在他死后落幕了。

由侯做王，为什么田生却劝刘泽快走？

> 张卿入言，太后然之。乃以营陵侯刘泽为琅邪王。琅邪
> 王乃与田生之国。田生劝泽急行，毋留。出关，太后果使人
> 追止之，已出，即还。（《史记·荆燕世家》）

01

刘泽与汉高祖刘邦同为一族，但只是刘氏宗族的远房子孙。高帝
十一年（公元前196年）的时候，他以将军的身份攻打叛将陈豨，俘
虏了陈豨手下的大将王黄，凭借这个功劳受封为营陵侯。

> 高帝十一年，泽以将军击陈豨，得王黄，为营陵侯。（《史
> 记·荆燕世家》）

后来刘泽从营陵侯升为琅琊王。按理说，侯爵升为王爵是天大的
喜事，本该欢宴庆祝、纵情快意一番，可刘泽的手下田生却劝他赶紧

离开长安，越快到达封地越好：

> 田生劝泽急行，毋留。（《史记·荆燕世家》）

田生的劝说是必要的，因为如果晚走一步，刘泽的结局可就不好
说了：

> 出关，太后果使人追止之，已出，即还。（《史记·荆燕世家》）

看起来，田生像是提前知道吕太后一定会反悔，一切都在他的
掌控中。这就说明了一个问题：刘泽封王的机会并非凭空出现，而是
由田生一步步铺垫、创造出来的。机会到来，吕太后会答应封刘泽
为王，等机会一过，吕太后就会多虑，多虑就会后悔，进而派人来
追——田生正是利用了这么一个恰到好处的时机。

田生是如何做到这一切的？

02

田生帮刘泽做的第一件事，是让儿子去结交张卿：

> 田生如长安，不见泽，而假大宅，令其子求事吕后所幸大谒者张
> 卿。（《史记·荆燕世家》）

昔年，孟尝君利用秦王的爱姬逃离秦国，张仪利用楚王的宠妃郑

袖逃离楚国，信陵君利用魏王宠爱的如姬成功盗取兵符，可见要想左右决策者，接近决策者的身边人往往是最容易达成的办法。

田生选择从吕太后的近臣下手，不过他很谨慎，没有自己上门去结交张卿，而是让儿子出马。等关系熟络后，他才展开了计划的第二步：向张卿献策。

> 居数月，田生子请张卿临，亲脩具。张卿许往。田生盛帷帐共具，譬如列侯。张卿惊。酒酣，乃屏人说张卿曰："……太后春秋长，诸吕弱，太后欲立吕产为王，王代。太后又重发之，恐大臣不听。今卿最幸，大臣所敬，何不风大臣以闻太后，太后必喜。诸吕已王，万户侯亦卿之有。太后心欲之，而卿为内臣，不急发，恐祸及身矣。"张卿大然之。（《史记·荆燕世家》）

要想从张卿这里得到自己想要的，先要帮助张卿得到他想要的，这是欲取先予。

张卿是吕太后宠信的人，他可以影响到吕太后的决策，要打动这样的人，需要给予他实实在在的好处，而且分量一定要够重。金银珠宝完全不用考虑，以张卿现在的身份，他不会缺这个，对他最有用的应是如何讨好吕太后、如何获得吕太后长久的宠信。从这一点出发，田生为他献计：助吕产封王。

在吕产之前，吕氏家族中已有人封王，但吕王吕台死后，他的儿子吕嘉并不成器，所以吕太后便想把吕氏家族中的重要人物吕产送上王位，可又苦于大臣、宗室们的重重反对，一直不能得成。如果张卿在此时出面说通大臣们，让吕产达成所愿，会极大地加重他在吕太后心目中的地位，而这正是田生想要的——唯有吕太后更加信任张卿，他的下一步计划才能实现。

03

事成之后，张卿不忘报答田生，田生却并没有接受这极为丰厚的回报，因为让刘泽封王才是他的最终目的：

> 太后赐张卿千斤金，张卿以其半与田生。田生弗受，因说之曰："吕产王也，诸大臣未大服。今营陵侯泽，诸刘，为大将军，独此尚觖望。今卿言太后，裂十余县王之，彼得王，喜去，诸吕王益固矣。"（《史记·荆燕世家》）

田生的高明之处就在于此，在这个时候进行计划的最后一步，是最恰当、最合适的。

田生为最终目的铺垫了两个步骤，在他亮明底牌前，所有人都以为帮助吕产封王并借此获得赏赐才是他的目的，所以张卿才相信田生是真的在为他的利益谋划，所以吕太后也才相信张卿是真的在为她着想。有了这份信任，张卿才会把田生当成自己人，再一次听他的建议去进言。有了这份信任，吕太后也才会再一次听从张卿的话，不加思考地封营陵侯刘泽为琅邪王。

如果用现代心理学来分析，吕太后的反应很符合一个心理现象：

得寸进尺效应。

美国社会心理学家弗里德曼做过一个有趣实验，他让助手去访问一些家庭主妇，请求被访问者答应将一个小招牌挂在窗户上，她们答应了。过了半个月，实验者再次登门，要求将一个大招牌放在庭院内——这个牌子不仅大，而且很不美观。同时，实验者也向以前没有放过小招牌的家庭主妇提出同样的要求，以为对照。结果放过小招牌的主妇中有百分之五十五的人再次同意了，而没放过的主妇中只有不到百分之十七的人同意。

心理学认为，人们总是愿意把自己塑造成前后一贯、首尾一致的形象，所以如果答应过别人一次要求，那么即使这个人的第二次要求有些过分，为了维护印象的一贯性，人们也会继续答应。所以，要让别人接受一个很大的、甚至是很难的要求时，最好先让他接受一个小的、容易实现的要求，而一旦接受了这个小要求，就比较容易接受更高的要求。

田生虽然不知道这种心理效应的名字，却深谙人心的此种特性。不过对于聪明人来讲，这种效应的作用是一时的。田生清楚，吕太后虽然同意了，但过后一定会后悔，事情的发展也果然如他所料：

> 琅邪王乃与田生之国。田生劝泽急行，毋留。出关，太后果使人追止之，已出，即还。（《史记·荆燕世家》）

吕太后是不想让刘家人势力壮大的，如今她却封了一个刘姓人为王，实在有些不妥，所以才会派人来追。不过这个不妥不足以彻底惹恼吕太后，因为封有封的好处（可以安抚不服的大臣），不封有不封的好处（避免刘氏势力壮大），既然人都走了，也就随他去了——只是一个刘泽，能掀起多大的风浪呢？

<h2 style="text-align:center">04</h2>

刘泽封王，高升一级，费心费力的田生似乎没有所得，他为什么要帮助刘泽？

> 高后时，齐人田生游乏资，以画干营陵侯泽。泽大说之，用金二百斤为田生寿。田生已得金，即归齐。二年，泽使人谓田生曰："弗与矣。"（《史记·荆燕世家》）

从司马迁的记录中看，田生是主动去找刘泽的，也许他真正想求的是名与利。在朝局动荡的当时，刘泽可不就是能让他大展身手的最好人选吗？

如果去找外戚，田生最后难免为他们陪葬，因为吕后的寿命是有限的。如果去找功臣，已有陆贾抢先结交了陈平、周勃等人，田生无由再进。这么看来，所剩的路就只有找宗室了。宗室之中，已经封王的没有上升空间，不曾封王的才有潜在价值，而刘泽资历深厚，既是目前刘氏家族中最年长的人，同时也是跟着高祖刘邦一起创业的人，在宗室和外戚中都有不小的影响力。更妙的是，刘泽不像朱虚侯刘章等人那样与吕太后严重对立，现在又只是列侯，只要找准时机帮他裂土封王，功成名就就在眼前。

这是何其毒辣的眼光！凭借这一点，虽然田生的生平在《史记》中只有寥寥几笔，但在我看来，他也绝对称得上是一流的谋士了。

第三章　兵器篇

鱼肠剑因何而得名？

酒既酣，公子光详为足疾，入窟室中，使专诸置匕首鱼炙之腹中而进之。既至王前，专诸擘鱼，因以匕首刺王僚，王僚立死。（《史记·刺客列传》）

01

《史记·刺客列传》中有五大刺客，曹沫、专诸、豫让、聂政、荆轲，他们是春秋战国时期以侠义著称的人物。在这五人中，只有专诸有勇又有谋，他以谋近，以勇取，一击必杀，夺魄惊心。

专诸的故事很传奇，专诸用的匕首也很传奇。

剑走轻灵刀走稳，匕首求的就是狠。由于武器的不同使用特性和象征意义，一般人们都认为君子应用剑，将军应用刀，而刺客一定要用匕首。割、砍、挑、刺、劈，血花四溅，短兵器的凶险与狠辣在他们手中可以发挥得淋漓尽致。

那么，这种短兵器为什么被命名为"匕首"？问题的答案可以在

《通俗文》中找到。这本书为东汉末年服虔所撰，是一部俗语词辞书，收录了许多日常用词。它如此解释：

> 匕首，剑属。其头类匕，故曰匕首。

"匕"的意思是舀取食物的器具，和今天的汤匙类似，而"匕首"用大白话讲就是"汤匙前端"，这个名字是对兵器形状的形容。同时，《通俗文》指出，匕首应是剑的一种，所以这类兵器当然也可以叫"某某剑"。在《吴越春秋》中，专诸的匕首便是以"鱼肠剑"的名字登场的：

> 王僚乃被棠铁之甲三重，使兵卫陈于道，自宫门至于光家之门，阶席左右皆王僚之亲戚，使坐立侍，皆操长戟交轼。酒酣，公子光佯为足疾，入窟室裹足，使专诸置鱼肠剑炙鱼中进之。

对比本篇开头引述的《史记·刺客列传》中的段落，可发现司马迁并未直言专诸所用兵器之名，而成书年代比《史记》略晚的方志史书《越绝书》则明确指称其名为"鱼肠剑"，同时它还明确记载了鱼肠剑的铸造者："欧冶子乃因天之精神，悉其伎巧，造为大刑三、小刑二：一曰湛卢，二曰纯钩，三曰胜邪，四曰鱼肠，五曰巨阙。吴王阖庐之时，得其胜邪、鱼肠、湛卢。"欧冶子生活在春秋末期到战国初期，越国人，是中国古代铸剑鼻祖——人如其名，倒是不负他名中的"冶"字。欧冶子铸造的五把兵器三长两短，刚好是一个成语，有说该成语就典出于此。

与《越绝书》差不多成书于同一时代的《吴越春秋》在记录专诸故事的时候也用了"鱼肠剑"这个词。此后，"鱼肠剑"就成了专诸兵器的代名词。

对于鱼肠剑独特名字的由来，后世有几种说法。

第一种，鱼肠剑之得名是因它小巧玲珑，能藏身于鱼腹之中，所以也名"鱼藏剑"。这种说法没有什么文献可证。

第二种，鱼肠剑剑身细长柔韧，可沿鱼口插入，在鱼的胃肠中曲折盘转而不断，抽出时又恢复为原形，所以才得此名。这种说法当传奇故事来看确实过瘾，但可信度不高。

第三种，因为剑身上的花纹犹如鱼肠，故以此名之。这种说法我以为是最接近事实的，它也有书可考，《淮南子》（高诱注）中就有线索：

鱼肠，文理屈辟若鱼肠者，良剑也。

宋代沈括所著的《梦溪笔谈》中也有类似记录：

鱼肠即今蟠钢剑也，又谓之松文。取诸鱼燔熟，褫去胁，视见其肠，正如今之蟠钢剑文也。

这段话是说，剑身纹路所像的鱼肠并不是指生鱼的内脏，而是要将一只鱼烤熟，剥去两胁，然后再视其肠。

不过，沈括只说对了后半句。在他所处的宋代，刀剑皆用铁制，所以他以为鱼肠剑也必定是以铁为材料的。但铁在春秋之前被视为"恶金"，大部分情况下只被用来简单制造一些粗糙农具，并不会被拿去做兵器，而随着时间推移，冶铁技术发展，铁质兵器才慢慢出现。关于鱼肠剑的质地一直存在争议，或以为它是一柄锋利的青铜匕首，或以为它是一柄短小铁剑。不过不论是哪种质地，都不影响它身具鱼肠纹理。根据现在博物馆中可以观察到的青铜剑来看，剑身有纹理颇为普遍，有的如流云，有的如龟背，有的如粟米，更有以错金银等工艺来装饰剑身的。而如果是铁质剑，制造时同样要奇异纹理也不奇怪。

02

剑身的纹理不仅赋予了这把短剑名字，也揭示了它的命运。

人有人心，剑有剑相。相剑，即通过观察剑的外表，包括器形、纹理、颜色、光泽、铭文、装饰等，来鉴别剑器的优劣和名剑的真伪。战国时期，社会上专门有一类术士以此为务，他们出入豪门，为权贵鉴别刀剑，被称为"相剑者"，薛烛便是其中的高手。《淮南子·氾论训》有载："薛烛庸子，见若狐甲[①]于剑而利钝识矣。"意思是说齐国的薛邑有一位烛庸子，他只要见到剑身上很小的一块，就能够鉴别出这把剑是利还是钝。此之谓见微知著，一叶知秋。

《吴越春秋》讲述了薛烛相鱼肠剑的过程："王复取鱼肠示之。

[①] 有学者认为"狐甲"是误写，应该是"爪甲"，形容微小。

薛烛曰：'夫宝剑者，金精从理，至本不逆，今鱼肠到本从末，逆理之剑也。服此剑者，臣弒其君，子弒其父。'"

好一柄逆理之剑，好一柄叛逆之剑！

刺杀的要旨无外乎八个字：出其不意，一击必杀。鱼肠剑戾气天然，生来就是要挑战秩序的，配合专诸完成改变历史走向的一击，就是它的使命！

按计划，专诸先将鱼肠剑藏到烤好的大鱼腹中，然后向吴王僚献上烤鱼。馨香的味道之下暗藏着杀机，就在吴王僚准备大快朵颐，尽享美味的一刻，就在他最放松的一刻，专诸取剑一击。

如果是我，也许会以武侠小说的写法描述这一刻，然而历史不是小说，历史事实不是虚构故事，所以史学家司马迁在《史记·刺客列传》中只做了一个简单的记录：

既至王前，专诸擘鱼，因以匕首刺王僚，王僚立死。左右亦杀专诸，王人扰乱。

鱼肠剑弒君，薛烛当年的断语可谓丝毫不差。

专诸的计划简单直接，多少有点令人匪夷所思，但也确实令人防不胜防。由于从前没有任何先例，所以即使当时想象力最丰富的人，恐怕也很难猜到利刃竟然藏在鱼的肚子里。

有一种记载称，在刺杀过程中，刺到吴王铠甲的鱼肠剑已然断了，但专诸神勇，断刃依然夺命。这种说法不确定真伪，但古代青铜制成的剑身的确较薄，质地也脆，过长的话便容易折断，所以春秋时期的剑长一般在六十厘米左右，只适合直来直去地刺击，不宜劈砍，当时的人把如此使用的剑称为"直兵"。不过，匕首一类的短剑通常在三十厘米左右，甚至更短，所以并没那么易折，也更适合突刺。至于当时的铠甲，它们大多由坚固的牛皮制作，只在重要部位镶嵌青铜或者铁质甲片。据诸多史书记载，吴王僚所穿的三层铠甲为猰㺌皮制作，有学者称，猰㺌皮其实就是狮子皮，防御力应该一般，而鱼肠剑则应是典型的吴越剑型，圆锋束腰，穿透力非同小可，两者相遇，皮制铠甲大概不堪一击。由此判断，司马迁笔下的"立死"是可能达到的。

吴王僚死后，公子光即位，是为吴王阖庐。他重用伍子胥与孙武，对外征战，威震东南，最终成为一代霸主。而这一切，都从一柄名为"鱼肠"的短剑开始。

见血封喉：徐夫人匕首用了什么毒？

> 于是太子豫求天下之利匕首，得赵人徐夫人匕首，取
> 之百金，使工以药淬之，以试人，血濡缕，人无不立死者。
> （《史记·刺客列传》）

01

徐夫人匕首因为荆轲刺秦一事在历史上赫赫有名，是人人皆知的锋锐利器。许多人望文生义，以为徐夫人是个女子，而徐夫人匕首便是"徐氏夫人拥有的匕首"的意思。许多影视剧干脆据此编写剧情，让这位"徐夫人"与荆轲上演一段可歌可泣的爱情故事，比如在TVB（无线电视）的早期系列剧《大刺客》中，徐夫人便名为徐琬，与荆轲爱得凄婉。但其实并非如此，唐代人司马贞早就在他的《史记索隐》中注释得明白："徐，姓；夫人，名。谓男子也。"

徐夫人，战国时赵国人，是一位铸造名家，也有书记录他是一位名贵匕首的收藏家。不过，无论他是哪一种身份，有一点都是可以确

定的——徐夫人匕首一定是不可多得的好兵器：

> 昔周鲁宝雍狐之戟，屈卢之矛，孤父之戈，徐氏匕首，凡斯皆上世名器。（《典论剑铭》）

徐夫人匕首堪称名器，也就难怪在为刺秦做准备时，太子丹独独选中了它。更何况，这把匕首不仅锋利，还淬了毒。

对于用毒，人类充满了想象力，历史上有明确记载上过战场的毒物没一千也有八百，甚至还产生了人粪加砒霜这种经典的组合。那么，徐夫人匕首上使用的是哪一种毒呢？

02

虽然数据量甚大，但只要懂得排除法，就可以极大地简化这个问题。

我们先来看看哪些毒药不可能参与伟大的刺秦任务。

"血濡缕，人无不立死者。"依据《史记》中这句话的描述，可见徐夫人匕首上的毒药能够通过制造伤口快速起作用，有如此毒效的应该就是生物类毒素了——你不能指望砷化物一类的东西遇到伤口就马上发作，氰化物倒是可以让人立死，但古代还没有制备它的技术。

排除掉非天然类毒素后，就容易得多了。生物类毒素，而且是能够明显提升冷兵器杀伤力的天然毒素，最容易让人想到的是箭毒木。这东西又名"见血封喉"，树中的乳白色汁液有剧毒，一旦接触伤口，即可导致血液迅速凝固，心律失常，进而引发死亡。因为毒发过程十分迅速，所以它被形容为"七上八下九倒地"，意思是人在中毒后最多走不了九步。宽泛一点算，这样的效果是可以用"立死"来形容的。

不过，这种树十分珍稀，即使在植物茂盛的古代也十分少见，且多生长在南方瘴疠之地，地处中原的秦国和位置靠北的燕国多半不太可能有这种毒。

考虑到地理位置的因素，中原地区古人利用率较高的传统生物类毒药是草乌头。草乌头的根部含有乌头碱，毒性比较大，可使人心律不齐，甚至心跳骤停，《本草纲目拾遗》中将之列名。天然草乌头毒发的过程有点长，于是人们将它熬炼成膏，更便于运输与保存，取名为"射罔"。射罔的正确使用方式是涂抹在兵刃上，《魏书》中就记录说，匈奴人常常"秋收乌头为毒药，以射禽兽"。

草乌头生长在中原及北部地区，正可以被太子丹和荆轲利用。徐夫人匕首上的毒应该就是它，或者至少，是与它类似的毒药。

《史记·刺客列传》中关于荆轲这把徐夫人匕首还有一句话："使工以药淬之。""淬"通常是指淬火，即把金属加热到一定温度后浸入水中冷却，但这里肯定不是这个意思。多数生物毒的有毒成分是酶，受热容易变质分解，如果是把武器烧热后再浸泡到毒液中，毒药反倒无毒了。所谓"以药淬之"，应该是指在匕首的细小纹理上涂抹毒液，并加涂某种防护层以保护毒液不挥发。

淬药后，匕首被拿去"试人"，而随着实验，刃上的毒性会迅速衰减，乃至完全消失。由此，我产生了一个合理的推测：荆轲应该会随身携带毒药不时涂抹，甚至直到要把匕首卷入《督亢图》的前一刻还要涂抹，这样才能保证毒性的持续。

使用这样一把无比锋利且淬有剧毒的匕首，一定是为了提高刺杀单一目标时的成功率。换句话说，这个方案是为刺杀秦王进行的私人定制。然而，如此周密准备却功败垂成，我们也只能慨叹是天意如此了。

失败的刺秦：嬴政为何能避开荆轲的攻击？

轲既取图奏之，秦王发图，图穷而匕首见。因左手把秦
王之袖，而右手持匕首揕之。未至身，秦王惊，自引而起，
袖绝。（《史记·刺客列传》）

01

司马迁把荆轲刺秦王的一瞬描写得无比惊险。这样近的距离，这
样出其不意的攻击，按道理应该没人能躲得开，荆轲为什么会失败？

让我们回到荆轲与太子丹初见的时候，那时太子丹是这样谋划刺
杀过程的：

丹之私计愚，以为诚得天下之勇士使于秦，窥以重利；秦王贪，
其势必得所愿矣。诚得劫秦王，使悉反诸侯侵地，若曹沫之与齐桓
公，则大善矣；则不可，因而刺杀之。彼秦大将擅兵于外而内有乱，
则君臣相疑，以其间诸侯得合从，其破秦必矣。此丹之上愿，而不知

所委命，唯荆卿留意焉。（《史记·刺客列传》）

他希望荆轲能先控制住秦王，效仿当年胁迫了齐桓公的曹沫，逼秦王答应返还侵略所得的土地，如果做不到，再下杀手不迟。没有了秦工控制局势，秦国一定会发生内乱，到时六国合纵，结成同盟，必能破秦。

太子丹的推演是否高明我们暂且不讨论，不过有人确实将他的这个行动设计当成了荆轲刺秦失败的原因。他们认为，太子丹给荆轲出了一道选择题，而在这样千钧一发的时刻，行动目标的不唯一会让荆轲在最后关头心生犹豫，正是这份犹豫导致了失败。

对于这种说法，我不以为然。在我看来，太子丹的计划对荆轲行动的影响其实很小。想想看，如果荆轲准备胁迫秦王，他要如何做？必然也是图穷匕见后持匕首攻击，只不过不是立时杀人，而是要将锋刃悬在秦王的致命处。也就是说，和刺杀一样，他的初始动作都是突刺，并不存在犹豫。

那么，荆轲究竟为什么会失败？

02

在现代，最具实战性的综合格斗技术体系把战斗距离划分为远、中、近和缠斗。远者用腿，空手道和跆拳道专注于此；中者用拳，拳击在此距离内几乎无敌；近身者用膝肘，泰拳是这个距离内的大杀器；等双方纠缠到了一起，那就是摔跤和巴西柔术的天下了。可以说，在战斗过程中距离至关重要，距离越远越可以发挥技术，如果离得很近，面对攻击连躲闪都会变得不可能，只能选择格挡。

肉搏是如此，运用武器战斗时更是如此。

晋朝张载所作《匕首铭》中说："匕首之设，应速应近。"匕首是近战搏杀的武器，讲究的就是速度。这一点荆轲做得很好。而刺杀发动后，荆轲既然已经可以抓住秦王的衣袖，说明两人之间至少是中近距离，大约一臂之隔，甚至更近。在这个距离内用匕首突刺，又是先发制人，秦王应该必死才对。

正常人的反应速度大约是零点三秒，这是光线传到眼睛，图像经过大脑处理，再由神经传递到手脚做出反应的全部时间。这个速度在三十岁以后会下降，而运动员经过严格训练，对特定事件（如发令枪响）的反应时间可以突破到零点二秒以内，极限则被认为是零点一秒。据此，跑步比赛中运动员的起跑反应时间如果小于零点一秒，就会被判定为抢跑——科学认为，人类无法突破身体的极限。

秦王嬴政不是顶级运动员，也不是身经百战的战士，在近距离内，如果荆轲持匕首立刻刺过来，他根本来不及做出反应。由此推论，更合理的历史描述应该是"揕其胸，秦王惊，欲引身起，然匕首已没数寸"，可为什么《史记》中的文字会变成"未至身，秦王惊，自引而起，袖绝"？

因为荆轲做了一个多余的动作。一个动作尽管也许还不到一秒钟就能完成，但对于给秦王留出反应时间来说已经很足够了。

让我们模拟一下当时的场景。

展开地图，拿起匕首，收肘，突刺。

欲进先退，欲前先后。当一个人已决定刺击的时候，拿起匕首的第一个动作一定不是直接刺出，而是下意识地向后缩臂蓄力。这个动作如同条件反射一样，不受控制。而就是这个后缩蓄力的动作为秦王赢得了时间，让刺秦行动功亏一篑。当然，从这里看，秦王的反应速度恐怕也已经达到普通人的极限了。

03

蓄力后缩的动作究竟说明了荆轲精于刺击之道，还是说明他在做刺客这件事上并不高明，这是见仁见智的。也许在太子丹寻找的人中有比荆轲更加聪明的，也有武术更加精妙的，可重任当前，他们都没有做出和荆轲一样的选择。

从费尽心机谋划刺杀的那一刻起，前路便不可测，成败也不可测，只有一件事能够确定，就是荆轲必死。

命运选中了荆轲，并事先设定了结局，但从始至终，荆轲都没表现出一丝畏惧。也许正是因为如此，荆轲才能打动司马迁，让他甘愿为他作传。

风萧萧兮，易水寒，壮士一去兮，不复还。
探虎穴兮，入蛟宫，仰天呼气兮，成白虹。（《易水歌》）

明知必死，为何要去？明知必死，为何无惧？史书中没有给出答案，我们只能自己去想象了。

千钧一发，嬴政为什么拔不出剑？

> 拔剑，剑长，操其室。时惶急，剑坚，故不可立拔……
> 秦王方环柱走，卒惶急，不知所为，左右乃曰："王负
> 剑！"负剑，遂拔以击荆轲，断其左股。（《史记·刺客
> 列传》）

01

荆轲刺秦，惊心动魄。当秦王嬴政以过人的反应躲开荆轲必杀的
一击之后，却无法立刻发起反击——"剑不可立拔"。

对此，《史记》给出了一个原因："剑坚"。

这是什么意思？

有人将它解释为"剑鞘紧"或"剑插得紧"，但秦王的佩剑一定
代表了秦国兵器制作的最高水准，在交到秦王手里之前也必然会经过
多次插拔以为检验，怎么可能出现剑鞘过紧的品控问题呢？而且如果
剑鞘紧到用力也拔不出的程度，"负剑"之后就能拔得出了吗？何况

前文有言："拔剑，剑长，操其室。"说是因为剑长不好直接拔出，若是紧接着又改口是因为剑插得紧才拔不出，岂不前后矛盾？

可见，此处的"坚"并非坚固之义，而应该是长的意思。

坚，长也。（《逸周书·谥法》）

坚为长短之长。（《广雅疏证·释诂四》）

坚，长也。（《广韵·先韵》）

从文献上看，"坚"确有"长"的意思，这样一来，司马迁这段描写的意思就很清楚了：秦王起身拔剑，剑太长，他便握住剑鞘准备拔剑，但他太惊慌了，加上剑长，所以不能很快地拔出来。

同一个意思，为避免前后用词重复，所以前一处用"长"，后一处用"坚"。

02

问题并没有彻底解决。

仅仅因为剑长就会拔不出来吗？古往今来，使用长剑的侠客、武将并不少见，也并未听说有常常拔不出剑的情况存在。

除了剑长之外，导致这种情况出现的还有另一个关键因素，那就是佩剑方式。

现在很多人以为秦汉时人们佩剑是如影视剧中常见的那样采用悬绳佩剑法，即剑鞘系绳悬挂在腰间。其实并不是。

先看一个字：璏。

也许你不认识它，好在《说文解字》给出了解释："剑鼻玉也。从玉彘声。直例切。"什么是鼻玉？《广雅·释器》中说："钮谓之鼻。"钮又是干什么的？高诱在注中写道："钮，系也。"总结一下，璏就是用于系剑的鼻钮，一个用来佩戴和稳固剑的小配饰。

一开始人们并不了解璏，推测了几种用法，但都有争议，直到秦始皇陵铜车马出土，真相才终于大白。

铜车的驭手身上都配着剑，腰带穿过剑鞘上的璏，把剑系在后腰处。一般人佩剑多是在左腰侧，方便右手拔剑，而双手驾车的时候若置剑于左腰，车辆行进产生震动时，晃动的剑很容易碰撞手臂，产生干扰，所以驭手多佩剑于腰后，方便驾车。

这是当时的佩剑方法——璏式佩剑法，在秦汉时普遍流行，我们现代人熟悉的用绳子拴住剑鞘挂在腰间的佩剑方法其实出现得较晚。

采用璏式佩剑法的结果，是剑以类似竖插的方式被佩在腰间，由此便产生了秦王无法拔出剑的第二个原因：剑佩得太高。

我曾特地找到一把太极健身剑，很普通的那种，用尺子量了一下，全长大约九十厘米，符合（可能略长于）先秦剑的基本长度。我模仿璏式佩剑法佩剑的位置，把它夹到左边腰部以上稍高一点的位置，然后拔剑，结果抽剑时剑锋还未完全出鞘，手臂就已抬到极限。连试了几次都是如此。

03

千钧一发之际，拔不出宝剑的秦王只能绕柱躲避。眼看王上命在旦夕，侍医夏无且扔出手中的药囊，这一击分散了荆轲的注意力，为秦王成功拔剑创造了时机。

剑并不是一下子就被拔出了，还需要一个特殊的动作：

左右乃曰："王负剑！"负剑，遂拔以击荆轲，断其左股。
（《史记·刺客列传》）

通常的解释，"负剑"就是把剑背到身后，从身后抽出长剑。但实际上，这样的动作很难让剑出鞘，除非秦王的剑和今天的武术表演用剑一样又薄又软，弹性十足，几乎就是一个钢片。

宝剑原本佩戴在腰间，如果要从背后拔剑，需要先把它推到肩膀处适合拔剑的位置，让剑柄从肩膀处露出，然后反手抓住剑柄用力向前拔出，这样的动作堪比杂技。据说在电影《荆轲刺秦王》拍摄时，演员也试过把剑推到背上再拔，结果发现不仅更难拔了，还容易割到自己的脖子。

又有人说，"王负剑"是在提醒秦王："大王，您背上有剑啊。"这当然也不可能。剑是利器也是礼器，秦王作为一国之君，在上朝时腰里挂着一把剑，背上插着第二把剑，那场面多少有些滑稽。

"负"一定是动词。

璏在腰带上是可以左右平移的，当把剑柄向下压一点，并把剑身向腰后的方向推动时，剑便自然地靠在了身体的侧后方，此时身体也会随之向左转动一些，然后只需用左手按住剑鞘，再用右手抓住剑柄发力拔剑，便可以很轻松地完成动作。而且，有了这个轻微转身的动作，拔出剑的一瞬间剑就可以如同平扫一样向斜前方挥出，腰部旋转的力量也会被运用在其中，攻击力更强。

现在，我们就能明白《史记索隐》中这段话的意思了：

王劭曰："古者带剑上长，拔之不出室，欲王推之于背，令前短易拔，故云'王负剑'。"

所以，"负剑"的意思就是把剑向后推，而非把剑背到背上。"负"有"背靠"之义，剑鞘横在后腰处，自然也属于"负"。

这种动作，现在名为居合斩，是日本剑道中很有代表性的招式。

学者李敖也曾经对这个问题做过论述，他认为，"负"字是抱在胸前的意思，这样才方便拔剑，并且说明了负字解释为背的种种不合理性。后者他论述得很好，前半句就不然了，在璏式佩剑法的条件下，如果他找把剑实际试验一下，就会发现抱在胸前拔剑更是不可能完成的任务。

璏造成的麻烦虽小，但不容忽视，所以悬绳佩剑法出现后便迅速取代了璏式佩剑法，成为主流的佩剑方式，并一直延续到现代。这都是因为悬绳比璏细且柔软，用它悬剑，剑身的动转更为灵活，拔剑也会更加流畅迅速。

秦王的剑终于出鞘了，这不是一柄装饰用的礼器，这是一柄杀人的剑。

荆轲废，乃引其首以摘秦王，不中，中桐柱。秦王复击轲，轲被八创。（《史记·刺客列传》）

荆轲持匕首，秦王持长剑，匕首和剑都能杀人，但剑比匕首长，一寸长一寸强，所以秦王赢了。

惊心动魄的刺杀事件就这样落幕，长剑帮助秦王在瞬息间扭转局势。

《盐铁论·论勇》对此事下了一个正确的评论：

荆轲怀数年之谋而事不就者，尺八匕首不足恃也。秦王惮于不意，列断贲育者，介七尺之利也。

真是成也兵器，败也兵器。

秦王嬴政佩的是怎样一把剑？

己酉，王冠，带剑。（《史记·秦始皇本纪》）

01

"秦王"是一个称谓，很多人都可以用，秦武王是秦王，秦昭王也是秦王，甚至唐天子李世民在未称帝之时封号也是秦王，但在这里，我们所要谈论的这位秦王却与众不同。

嬴政，秦国的君主，一个日后要建立巨大功业，成为始皇帝的男人。

秦王嬴政千古一人，他的剑自然也不应该是普通的剑，而要有自己的名字。但想要弄清楚这把剑到底叫什么，却有点费思量。

目前流传比较广的一种说法认为，嬴政的佩剑名为"太阿"，其依据是大政治家李斯的《谏逐客书》。这篇文章中有这样几句话：

今陛下致昆山之玉，有随和之宝，垂明月之珠，服太阿之剑，乘纤离之马，建翠凤之旗，树灵鼍之鼓。此数宝者，秦不生一焉，而陛下说之，何也？

作为帮嬴政登上帝位的人，李斯大概是最熟悉嬴政的人了，他的话也许可信。

那么太阿又是怎样的一柄剑呢？《越绝书·外传记宝剑》中记载：

（楚王）令风胡子之吴，见欧冶子、干将，使人作铁剑。欧冶子、干将凿茨山，泄其溪，取铁英，作铁剑三枚：一曰龙渊，二曰泰阿，三曰工布。毕成，风胡子奏之楚王，楚王大悦。

"泰阿"即是"太阿"。书读到这里还比较让人信服，但下面就有点虚构的嫌疑了：

晋、郑王闻而求之，不得，兴师围楚之城，三年不解。仓谷粟索，库无兵革，左右群臣贤士，莫能禁止。于是楚王闻之，引泰阿之剑，登城而麾之，三军破败。士卒迷惑，流血千里，猛兽欧瞻，江水折扬，晋、郑之头毕白。楚王于是大悦。

宝剑一出，敌军立破，连晋国和郑国的国君都吓白了头发。这样的神异故事，其可信度自然也就大打折扣。

《越绝书》作为吴越地方杂史，记录的主要是吴越争霸的历史，时间集中在春秋末年至战国初期，其中有些记述能与其他典籍互相印证，有些事情的记述却只见于此书，不见于其他文献。后者就是"孤例"，孤例不证，要非常谨慎地对待，不可轻信，而太过神化传奇的内容也大可以当小说故事看，可信度不高。

02

那么，太阿真的就是秦王佩剑吗？其实也不一定。

依据有限的资料，其实我们能够确定的东西相当有限：首先，秦王嬴政确实带剑，并且此剑可做武器之用，而非纯装饰性的礼器佩剑；其次，秦王这把剑绝非是用来装备秦军的那种量产刀剑，而是一把锋利度、硬度都超过当时一般水平的利器。

昆山之玉、随和之宝、明月之珠、太阿之剑，在《谏逐客书》中，李斯把秦王佩剑与诸般珍贵事物并称，用的修辞手法是排比。资格相当才能并列，所以相比其他数宝，佩剑肯定也是不同凡响。至于说它是否就名为"太阿"呢？甚至它是否就是《越绝书》中记载的那把宝剑呢？我个人认为不是。李斯这段文字显然还用到了另一种修辞——借代，即用著名宝物的名字来代指秦王所拥有的非凡的实物。这种修辞手法在文学上可以说极为常见，古诗词中会用的卢马来代指良马——"马作的卢飞快，弓如霹雳弦惊"（《破阵子·为陈同甫赋壮词以寄之》），古文中也会用传说中的宝剑来代指锋利的好剑——"紫电青霜，王将军之武库"（《滕王阁序》）。例子比比皆是，所以在李斯这里，我们也不一定要落实来理解。

除了"太阿"，另有人说秦王嬴政的佩剑应名为"乾坤宇宙锋"，剑长四尺余，锋利无比。昔日秦昭王赐死武安君白起时用的便是这把剑，白起死后，剑被送还。后来荆轲刺秦，嬴政用以砍中荆轲左腿的亦是此剑。再后来，因大臣匡洪随嬴政征战多年，战功卓著，嬴政便将此剑赐下，又引出后来剑斩赵高的故事。后世的人将剑的这段故事改编成了戏曲《宇宙锋》。

秦王配剑还有更多名字，只是其他诸如"辘轳剑""背手剑"等，在史书中几乎不见记录，倒是在评书里有描述：

（秋田）左助下佩带着一把特号的大宝剑，这把宝剑金把钩，金什件儿，绿鲨鱼皮剑鞘，二尺多长的灯笼穗左右飘摆，是古香古色呀。这剑也太长了，童海川用眼睛一量，能有四尺。书中代言，这是什么剑呢？这把宝剑是著名的背手剑，据说当年秦始皇帝亲自佩带，因为秦始皇恐怕对自己不利，身上有御甲，外面还有背手剑。这把宝剑千斤钻玉石，削铁如泥，是宝剑和刀之中尺寸最长、分量最大的。

（单田芳：《童林传》）

当然，这些都只是作为民间故事流传的，当不得真。

03

既然确定不了名字，我们不妨暂时称这把剑为"秦王剑"。因人命名，既符合宝剑的命名习惯，刚好又和荆轲手上的徐夫人匕首相呼应，倒也像一对真正的宿敌。

《史记·刺客列传》中记载，秦王拔剑击荆轲，"断其左股"。在生产力和技术都不发达的当时，秦王剑真的能够如此锋利，一下就斩断人的大腿吗？

略有夸张，但基本可信。原因有三：

其一，班固评价《史记》"其文直，其事核，不虚美，不隐善"，可见司马迁在记录史事时行文一般不激动，比较严谨。

其二，如果咬文嚼字地看，"断其左股"未必就是把腿砍成两截，只是骨折也算"断"。

其三，当然就是秦王剑本身确实锋利了。

前面说过，秦王剑应该并非当时量产的普通青铜剑，我甚至认为，它应是一柄铁剑（钢与铁含碳量不同，习惯上钢剑、铁剑都可以宽泛地称为铁剑）。虽然放到今天，铁剑恐怕只是相当普通的冷兵器，可在战国时期，随着冶铁技术的发展，相较于青铜质地的剑，铁剑已足可被视为神兵利器了。

如今兵马俑坑出土了那么多的青铜剑，许多人也因此认为秦国军队装备的是制作技术成熟的青铜剑，我凭什么不相信实物的例子，反而说秦王剑是铁剑？

其实依据目前的研究成果，对于秦军配备怎样的武器，有两种不同的主要观点。第一种认为，秦军的武器装备以青铜质为主，兵马俑坑的实物就是最好的证据；第二种则认为，秦军已经以铁质武器为主要装备了，秦人正是凭此优势一统天下的。

两种观点谁也不服谁，而我更认同后者。

春秋战国时期，铸剑一般使用青铜，这是一种由铜、锡和其他少量元素构成的合金，其中锡的用量对剑的质地有主要影响，剑的含锡量越高，就越脆硬，反之就越柔韧。想要剑硬而锋利，就要提高含锡量；想要剑韧而不易折，又要降低含锡量。这个矛盾不容易解决。受这一点的制约，那时的刀剑普遍较宽较短，质地也相对较软。即便到了战国中晚期，青铜剑最多也就六十厘米长，哪怕是被视为青铜铸剑技术巅峰体现的越王勾践剑，长度也没有超过这个数值。在加长剑的长度的同时保证其强度与韧性，成了那时匠人们的最大愿望。

在这个背景下，兵马俑坑中的剑有多长呢？接近九十厘米。许多人认为这说明秦国造剑技术的高超，但这之中存在一个问题：如果真是这样，战国时期普遍使用的青铜剑制造技艺与秦国的青铜剑制造技艺之间就缺少了传承与过渡，秦国的技术呈现出跳跃式发展的样貌，这不符合事物发展的规律。更何况，金相分析表明，出土的超长青铜剑很脆弱，硬度和韧性根本不足以支撑它们上战场。

该怎么解释坑中这些超过一般长度的青铜剑呢？有一种近期出现的观点比较可信：兵马俑坑中出土的青铜剑其实是铁剑的陪葬模型，也就是明器。由此推论，作为兵马俑的现实对照，当时的秦国禁卫军精锐应该已经装备了长长的铁剑，只是还没有大规模装备部队而已。

秦国很早就关注着铁剑的发展，嬴政的曾祖父秦昭王曾临朝慨叹："吾闻楚之铁剑利而倡优拙。夫铁剑利则士勇，倡优拙则思虑远。夫以远思虑而御勇士，吾恐楚之图秦也。"这是多么长远的战略眼光！战国末期，秦楚之间发生过几场战争，秦国胜过多次，有远虑的秦王不可能不趁此机会掠夺楚地的能工巧匠为己所用，大力发展铁剑锻造技术。

秦汉史专家林剑鸣先生在《秦俑之谜》一文中写道：

当春秋末期，吴、楚等国的冶铁技术已达到相当高的水平（要与鱼肠剑一文的说法比对），不仅能炼出生铁和熟铁，还能用熟铁渗碳制钢、锻造宝剑。到战国时代，铁质武器已得到普遍的使用。考古资料表明：战国时期的铁质武器，乃是战场上常用的武器，在湖南的楚墓里就多次出土过铁剑。秦国的冶铁水平，绝不低于其他各国。恩格斯就多次指出，生产力发展的最新成果，都首先在军队里开始运用。能以武力统一全国的秦国军队，不使用当时先进的铁质武器，而手执已经过时的青铜武器，不论是用发展不平衡，还是以别的什么理由，都是说不过去的。

所以，秦王嬴政的佩剑是一把远胜青铜武器的精良铁剑，这是有很大可能的。而从李斯《谏逐客书》中的语气来看，秦王剑作为秦王拥有的珍宝之一，应该并非产自秦国，那么它来自多产铁质利器的荆楚、吴越的可能性也就很大了。

04

《史记·秦始皇本纪》记载：

秦初并天下，令丞相、御史曰："……今名号不更，无以称成功，传后世。其议帝号。"

丞相绾、御史大夫劫、廷尉斯等皆曰："……臣等谨与博士议曰：'古有天皇，有地皇，有泰皇，泰皇最贵。'臣等昧死上尊号，王为'泰皇'。命为'制'，令为'诏'，天子自称曰'朕'。"

王曰："去'泰'，著'皇'，采上古'帝'位号，号曰'皇帝'。他如议。"

中国历史上的第一位皇帝就这样出现了，而秦王剑——或许此刻称它为"始皇剑"才更适合——作为皇权的象征之一，大概会一直陪伴着嬴政。

如今，秦始皇陵早已被发现，只不过后人为了保护里面的文物，一直没有将其打开。随着技术的不断进步，也许终有一天，陵墓内的情况会完整呈现在大家面前，到那时，秦王剑的真面目也会展现在世间。也许它就是一把青铜剑，也许它就是太阿，也许它和本文推测的一样，是一把锋锐的铁剑。

随着现代技术的发展，那些披在传说中神兵利器上的神秘面纱终会被掀开，它们也许可以削铁如泥，它们大概不能呼风唤雨，但它们依然无价，因为它们的价值不在于能杀多少人，而在于承载其上的时代。一个时代的忠勇、仁义、爱恨，都被铸进了它们的身体里，历经千年而不灭。

秦始皇，嬴姓，赵氏，名政，中国历史上第一个大一统王朝秦朝的开国之君。他把中国由分封时代带入大一统时代，奠定了此后两千余年中原大地上的基本政治制度，被明代思想家李贽誉为"千古一帝"。他对中国和世界的历史都产生了深远影响，秦王剑悬于他的腰间见证着一切，属于它的那一份精神，便是君临天下！

张良刺杀嬴政用的铁椎到底是什么？

东见仓海君。得力士，为铁椎重百二十斤。秦皇帝东游，良与客狙击秦始皇博浪沙中，误中副车。（《史记·留侯世家》）

01

在成为始皇帝、作为始皇帝的一路上，嬴政遭遇的刺杀不止荆轲一次。

荆轲刺秦不成，燕国覆灭。等到秦一统天下，曾为荆轲击筑送行的高渐离也蓄谋接近嬴政，并最终凭借击筑的本事被嬴政知晓：

秦皇帝惜其善击筑，重赦之，乃矐其目。使击筑，未尝不称善。稍益近之，高渐离乃以铅置筑中，复进得近，举筑朴秦皇帝，不中。于是遂诛高渐离，终身不复近诸侯之人。（《史记·刺客列传》）

高渐离的刺杀让嬴政不再接近六国的人，这给后来者造成了麻烦。

公元前218年，抓住秦始皇东游的机会，张良与人在博浪沙（今河南省原阳县东南）发起又一次刺杀，依然不成功。之后他逃至下邳（今江苏睢宁北）避难，并在那里遇到黄石公，得到了《太公兵法》。

张良得兵法在《史记》中有记载，但多数时候都被视为传说故事，不过用一百二十斤的铁椎狙击秦始皇嬴政一事应该是确有其事的。我不免感叹谋圣张良年轻时也曾如此热血，同时心生疑惑：张良使用的铁椎究竟是什么？

02

说到"椎"，自然就会想到一个成语：椎心泣血。它出自西汉时期李陵的《答苏武书》：

何图志未立而怨已成，计未从而骨肉受刑，此陵所以仰天椎心而泣血也。

请注意，并不是"锥"心泣血。痛苦得就像用锥子在心上刺了一下，这个说法虽然鲜血淋漓，形象生动，但李陵的本意却是击打心口——"椎"的意思是击打、敲打。

椎，击也。（《说文解字》）

严格地说，《说文解字》里的"击"是指钝击，因为"椎"也是古代对"锤"的称呼。作为一种器具，"椎"也就是我们今天常说的锤子，它有木质的也有铁质的，有装置长柄的也有装置短柄的，有用作工具的也有用作兵器的。

　　早期的锤形似瓜，所以也被称为"立瓜""卧瓜"。据考证，中国新石器时代晚期就出现了石锤，后来又发展出青铜锤和铁锤。锤虽然不是常备兵器，但在历代都有人使用，还留下不少故事。比如：

　　朱亥袖四十斤铁椎，椎杀晋鄙，公子遂将晋鄙军。（《史记·魏公子列传》）

　　战国时，秦国围困赵国邯郸，赵国向魏国求救，魏王惧怕秦国威势不愿发兵。信陵君魏无忌窃取兵符，找来朱亥用一把四十斤的铁锤杀死了魏国将军晋鄙，然后率领晋鄙的军队击退秦军，解了邯郸之围。这就是著名的窃符救赵。

　　再比如：

　　厉王有材力，力能扛鼎，乃往请辟阳侯。辟阳侯出见之，即自袖铁椎椎辟阳侯，令从者魏敬刭之。（《史记·淮南衡山列传》）

　　淮南厉王刘长是汉高祖刘邦的小儿子，他是第二个被《史记》评论"力能扛鼎"的猛人（第一个当然是霸王项羽）。汉文帝在位的时候，刘长骄横跋扈，用袖中藏着的铁锤杀掉了与他有旧怨的辟阳侯审食其，之后因意图谋反被抓，自尽而亡。

又比如：

上以胡寇为意，乃卒复问唐日："公何以知吾不能用廉颇、李牧也？"唐对曰："……今臣窃闻魏尚为云中守，其军市租尽以飨士卒，私养钱，五日一椎牛，飨宾客军吏舍人，是以匈奴远避，不近云中之塞。虏曾一入，尚率车骑击之，所杀甚众……终日力战，斩首捕虏，上功莫府，一言不相应，文吏以法绳之。其赏不行而吏奉法必用。臣愚，以为陛下法太明，赏太轻，罚太重。"（《史记·张释之冯唐列传》）

这是匈奴进犯时，冯唐对汉文帝询问的回答。他认为，云中守魏尚是个优秀的守边将领，能掏自己的腰包犒赏兵卒，还让匈奴人不敢轻易靠近，汉文帝却因他上报的杀敌数字与实际的差了六个就予以重罚，实在错得离谱。冯唐说的"椎牛"，是一种杀牛方式，即先用绳子将牛身、牛蹄绑住，以防牛怒伤人，然后用大锤将牛击毙。

03

刘长能将椎藏在衣袖中，说明椎的个头应该很小。事实上，椎的出土实物确实都较轻较小。而张良用的铁椎重一百二十斤，如果从秦制换算成今天的计量，是六十斤左右，已经远远超出普通袖椎的范围了。

张良做出这种选择，大概也是出于无奈。

小小的袖椎只能用于近距离击杀，远距离的情况下杀伤力不够。可张良近身秦始皇嬴政的可能性有多高？应该这样说：自从荆轲刺杀失败之后，可能性为零。

帝王出巡，必先派人勘察道路、排除险情，只要出现异动，就直接射杀：

> 皆使人导引传呼，使行者止，坐者起。四人执角弓，违者射之，乘高窥瞰者亦射之。（崔豹：《古今注》）

不能近身，那就只能远程攻击了。在这种情况下，越重的武器杀伤力越大，不过也要扔得动才行。

六十斤的铁锤能扔多远呢？我们可以从现代体育运动中和扔铁椎很相似的两个项目得到启示。

先来看看推铅球。目前，男子比赛中的标准铅球重量约是七点二六千克，世界纪录是二十三点三七米。如果把铅球换成三十千克也即六十斤一颗的话，还能推得动吗？也许推出个五六米就是奇迹了吧。这么短的距离，离能够刺杀秦始皇嬴政还差得远。

不过如果是掷链球，情况就不一样了。男子比赛中使用的链球同样是七点二六千克重，现有的世界纪录却是八十六点七四米。

如果加上链条，铁椎在空中的运动轨迹会是一条抛物线，其飞行的距离只与出手的初速度及初始角度有关（空气阻力可以暂时不计）。根据公式，再结合现有的世界纪录数据，我们可以推算出三十千克的链球大致可以扔出二十一米。这个数据是以现代科学训练体系下的顶级成绩为参数的，把投掷运动员换成张良雇用的力士，扔出的实际距离可能更短些，但也足够刺杀秦始皇了。

那么，历史上有带链子的铁椎吗？有。

时座上有健啖客，貌甚寝，右胁夹大铁椎，重四五十斤，饮食拱揖不暂去。柄铁折叠环复，如锁上练，引之长丈许。（魏禧：《大铁椎传》）

练，通"链"。所谓"柄铁折叠环复，如锁上练"，就是说铁椎有柄，并且柄可以折叠环绕，就如同锁链一样。这个形式的大铁椎已经和流星锤差不多了。

但是此处存在一个问题：《大铁椎传》写在明清时候，在秦时，张良雇用的力士所使用的铁椎带链子吗？

这就不太可能了。

作为兵器的"椎"在战国乃至秦汉时期，都是由"椎首"和"椎柄"两部分组成的。西汉时期编著的《淮南子》就比较明确地说明了"椎"的结构：

椎固有柄，不能自椓。（《淮南子·说林训》）

此外，汉画像石中有描画朱亥椎杀晋鄙的场景，图上的长椎和今天的锤子几无二致。它的柄或为木，或为铁，存在长短差异，但绝非形制区别，并不带铁链，不然"自椓"也就成为可能了。

有铁链的流星锤出现得很晚，这和早期冶炼技术不成熟有关。秦汉时造不出特别坚韧的"钢链"，就算张良真的想到了用这种办法扔铁椎，当时的技术条件也实现不了他的构想。

04

现在我们知道，用于狙击秦始皇嬴政的铁椎是一把带着手柄的铁锤，锤首是什么形状不太清楚，大约像椭圆形的瓜，又或是方形，很重，六十多斤。

没有了锁链的加成，沉重的铁椎要如何飞出很远完成攻击呢？水平掷的威胁较小，最合理的方式应该是从上空投掷。

始皇出巡，有甲士清道、警卫环侍，还有副车遮挡，只有从上方发动攻击，才能从容地避开障碍，也能更好地隐蔽自己。同时，椎在势能的作用下也可以有更远的飞行距离，具备更大的杀伤力。

周作人先生和我有同样的猜测：

博浪沙也是河南地方，不曾到过，不知形势如何，照道理讲总须是峡谷，或一面是崖岸，居高临下方可。若是一片平原，不但无可隐蔽，而且铁椎也难掷得很远，有种种不可能之处。（周作人：《饭后随笔·博浪椎》）

这个推测原本极为合理，可秦史专家马元材先生曾在1930年亲临博浪沙考察，他的《博浪沙考察记》把上述推测推翻了：

一九三四年十二月，予至阳武，曾特往游观。当未至其地时，每疑所谓博浪沙者，必为深山大泽，茂林曲涧之地，可以薮匿逋逃；否则，发筍门，却笠居，凭力斗于穴，可幸免耳。不然，则张良何以必于此地狙击始皇帝？又何以狙击不中后，竟能大索十日而不可得？及亲莅兹土，始知除荒沙一大堆之外，殆全为无草木、无山涧溪谷之一大平原，牛羊散其间，可数而知也。

原来博浪沙是一个平原，没有什么山丘高崖。那么，张良为何选在此地进行狙击，又为何能全身而退？对此，马元材先生解释说：

……盖博浪乃当日一地名，其地必多风沙……大概探知始皇东游，必经由此道，故与仓海力士预伏于此。又至天幸，始皇车马过此时适风沙大起，故遂乘此于风沙中狙击之。此种风沙起时，往往弥漫空中，白昼如夜，对面不辨景物。不仅阳武如此，予在开封，即已遇有三四次之多。正惟其狙击系在风沙之中，故观察不确，致有误中副车之事。亦惟其系在风沙之中，故虽狙击未中，亦无法能从万人载道之内，将主犯明白认出。及至大索十日之时，则张良等已去之远矣。

解释得也很合理，只是没能回答张良要如何投掷六十斤铁椎的问题。

所以，不妨将这两种推测结合一下。

博浪沙在今日无山无丘，未必在秦时也如此。所谓沧海桑田，千年的时光夷平一处高崖，几处丘陵，又有什么不可能呢？

博浪沙当年可能就有一处高地，或许是山丘，或许是高崖，张良筹谋精密，于高地发起攻击，不料突起风沙，铁椎的落点产生了偏移，误中副车，但风沙也帮助了他们逃脱。

05

张良的行动没有成功，但椎却在日后用另一种方式完成了它这次未能完成的使命。

古代有一种农具，叫"耰"，其主要作用是敲碎土块，平整土地。有学者认为，早在商周时期便有耰，春秋战国时期它被广泛运用，尤其是在黄河流域的干旱地区，因为旱地耕后易结成坚块，需要敲碎后才好种植。

深耕而耰之，以待时雨。（《国语》）

耰其实就是一个比较长的木椎，和现代的工具锤一个模样，只是尺寸要大了许多。古人称其为"耰"，今人叫它木榔头或木槌。

今田家所制无齿杷，首如木椎，柄长四尺，可以平田畴，击块壤，又谓木斫，即此耰也。（徐光启：《农政全书》）

除了作为农具，耰在历史上也曾作为兵器，著名的陈胜、吴广起义中就有它的身影：

陈涉之位，非尊于齐、楚、燕、赵、韩、魏、宋、卫、中山之君也；锄耰棘矜，非铦于钩戟长铩也；谪戍之众，非抗于九国之师也；深谋远虑，行军用兵之道，非及向时之士也。然而成败异变，功业相反，何也？试使山东之国与陈涉度长絜大，比权量力，则不可同年而语矣。然秦以区区之地，致万乘之势，序八州而朝同列，百有余年矣；然后以六合为家，崤函为宫；一夫作难而七庙隳，身死人手，为天下笑者，何也？仁义不施而攻守之势异也。（贾谊：《过秦论》）

博浪沙伏击时，椎没能杀掉秦始皇赢政，可是在不久的将来，赢政开创的秦王朝就会被万千百姓手中的耰，也就是换了个名字的椎推翻了。

秦始皇赢政，终究还是以另一种方式"死"在了椎上，而张良，终究锤倒了秦。这真是绝妙的首尾照应。

魔幻还是现实：刘邦斩蛇剑真的存在吗？

高祖被酒，夜径泽中，令一人行前。行前者还报曰："前有大蛇当径，愿还。"高祖醉，曰："壮士行，何畏！"乃前，拔剑击斩蛇。蛇遂分为两，径开。（《史记·高祖本纪》）

01

如果说汉高祖刘邦反秦是一部高能不断的剧情大片，涵盖了动作、权谋、宫斗、苦情、谍战等各种戏剧元素，那么这部电影可以说是有着一个非常合格的序幕。

以屠蛇杀怪为开篇已经十分刺激，之后发生的事则更显魔幻：

行数里，醉，因卧。后人来至蛇所，有一老妪夜哭。人问何哭，妪曰："人杀吾子，故哭之。"人曰："妪子何为见杀？"妪曰："吾子，白帝子也，化为蛇，当道，今为赤帝子斩之，故哭。"人乃以妪

为不诚，欲苦之，妪因忽不见。（《史记·高祖本纪》）

因为司马迁的笔法虚虚实实，这段故事的真假还需要留给读者自己去判断，不过杀掉了白帝子的这把剑似乎是真实存在的。按照南朝人陶景弘所作的《古今刀剑录》记载，其名应为"赤霄"：

> 前汉刘季，在位十二年。以始皇三十四年，于南山得一铁剑，长三尺，铭曰赤霄，大篆书。及贵，常服之，此即斩蛇剑也。

赤即红色，霄为雨霓[1]，霓就是副虹，通常出现在虹的旁边，颜色排列与虹相反，色彩也要淡一些。这是一个很酷又很华丽的名字。

无独有偶，明代文学家张岱写了一本百科全书式的作品，名为《夜航船》。在书的《兵刑部》一章中，他也记录了这件事：

> 汉高帝于南山得一铁剑，长三尺，铭曰"赤霄"，大篆书，即斩蛇剑也。及贵，常服之。晋太康三年，武库火，中书监张华列兵防卫，见汉高斩蛇剑穿屋飞去，莫知所向。

两段文字的前半部分几乎一致，可以认为，《夜航船》中的内容是张岱转述了陶景弘的话。不过，《夜航船》并非一部严谨的学术著作，而是一部杂谈类的书，至于《古今刀剑录》也被后世学者认为真

---

① 按《说文解字》的解释："雨霓为霄。"

伪参半，虽有史料的作用，但不可全信。

既然这样，难道赤霄剑的存在是假的吗？

不一定，因为除了这两部书，对于刘邦的这把剑还有不少记录，只是其中大部分并不称此剑为"赤霄"，仅以"斩蛇剑"为名：

汉高祖斩蛇剑以七彩珠、九华玉为饰，五色琉璃为匣，刃上常如霜雪，光景照外。开囊拔鞘，辄有风气射人。（《西京杂记·斩蛇剑》）

武帝时，孔安国为侍中，以其儒者，特令掌御唾壶。朝廷荣之。至东京时，属少府，亦无员。驾出，则一人负传国玺，操斩蛇剑乘。舆中官俱止禁中。（《汉官仪》）

如果真如陶景弘和张岱所讲，剑上铭文清清楚楚写着"赤霄"，且这个名字本身也很霸气，汉代的史官们没理由不记录它。史官不采用，说明当时这把剑上面可能没有什么铭文，正因为没有铭文，才只能根据流传的斩蛇事件命名，称其为斩蛇剑。

这么看来，斩蛇剑也许只是一柄曾被汉高祖刘邦使用过的普通剑而已。

02

但是，剑真的普通吗？

斩蛇剑的主人叫刘邦，他是开创大汉基业的汉高祖，在楚汉相争中胜出后，拥有南面天下的资格。也许现在的我们可以找出无数种原因去解释刘邦为什么能够成为帝王，但在古代，人们会认为这些都是以一点为基础的——天命。

感谢古装剧普及了这样一个知识：圣旨的开头一般都是标准的八个字——"奉天承运皇帝诏曰"。皇帝可以诏令天下，权力是如此之大，可他的权力来自哪里呢？来自天。这就是"天命"。

天命理论其实就是君权神授，只是中国古代没有这个说法，我们只说君主受命于天。用词不同，性质一致。

西汉的大儒学家董仲舒在《春秋繁露·尧舜不擅移汤武不专杀第二十五》中就有这样的话：

王者亦天之子也，天以天下予尧、舜，尧、舜受命于天而王天下。

天为什么要授权于皇帝呢？古人认为，天道生民养民，但民虽然有着良好的内心品质，却如同璞玉一样，不经过雕琢就无法发出光辉，所以上天给皇帝降下使命，让他教化百姓，使大家向善。

正是因为这样的理论，皇帝才称天子，要封禅祭天，秦始皇的传国玉玺上才刻有"受命于天，既寿永昌"八字，之后更是代代相传，得到它的人才算正统。

上天降命给某个人，可天又不说话，这个人要怎样才能证明自己是真命天子？方法有许多，其中比较重要的两种，一是祥瑞，一是异象。

祥瑞，也称为嘉瑞、符瑞。相传，当上天承认人间的君主时，就会出现麒麟、凤凰、灵芝、甘露等不同寻常的东西，表示庆贺和褒奖。

祥瑞象征着政权的合法性，它是一个证据。祥瑞出现的时候，皇帝通常要下诏赏赐，甚至大赦天下。比如龙朔三年（公元662年）十二月，因麟见于含元殿，唐高宗便下诏改来年正月为麟德元年（公元664年），在京及雍州诸县见系囚徒各降一等，杖罪以下一并免之。

异象，通常是出现在皇帝出生时的，同样可以用来说明天命的所在。

相传，赵匡胤出生时红光紫气笼罩全身，遍体生香；武则天诞生之时天空布满祥云，两只凤凰绕着武府盘旋，在郑家山的一处池塘里还突然生出一枝金莲花，莲花四周有四只金龟，其头分别面朝东、西、南、北四方；李世民出生时云端出现条两条金光闪闪的巨龙，当时正值一月下旬，本该天寒地冻，但由于这两条龙的出现，人们竟感受到了春天般的温暖，庭院里甚至还开起了花，香气馥郁，持续了整整三天。

属于刘邦的异象是天子之气："天子气，成五采，急击勿失。"但这还不够。汉朝想要代替秦朝，还需要更多东西来证明自己是遵循大道、合埋合法的，正所谓"假天用事，名之顺也"。斩蛇之事，大概就是在这样的情况下诞生的，而斩蛇剑从此不再普通，成了刘邦受命于天的证明。

03

斩蛇这件事虽然为史书所载，也有人通过考证找出了事件发生地点，但事实究竟如何，仍旧存有争议。不过我们先把故事的真假放在一边，因为我以为更重要的是其背后的意义。

其实，对于秦人是否为正统华夏民族，历史上的观点莫衷一是。若依据王国维、梁启超等人的考证，秦人乃属羌人后裔。秦人信仰白帝，所谓白帝之子，自然就是指秦朝的天子——秦始皇嬴政了；赤帝即炎帝，刘邦既是赤帝之子，代表的自然便是华夏民族。由此可见，赤帝子斩杀白帝子的故事所代表的，可能是天下之主重回华夏。

刘邦斩蛇，建立了汉朝，自汉朝之后，华夏族才逐渐自称汉族。故事里帮助刘邦完成这一壮举的斩蛇剑，自然就成了象征着皇权天授的镇国重器，它与象征着王朝正统的传国玉玺一起，成为大汉帝国的两件"乘舆之宝"。

汉高帝入关，得秦始皇白玉玺，佩之，曰传国玺，与斩蛇剑俱为乘舆之宝。（《通典·卷六十三礼二十三沿革二十三嘉礼八》）

那么，刘邦之后，这把剑的下落如何？

因为斩蛇剑具有受命之符的特殊意义，所以汉朝历代掌权者都对它的保管十分用心：

及天下已定，授吕后，藏于宝库之中。守藏者见白气如云，出于户外，如龙蛇，改其库名曰"灵金藏"。（《拾遗记》）

及至后世，汉宣帝专门为四件宝物立祠，收藏供奉：

为随侯（珠）、剑宝、玉宝璧、周康宝鼎立四祠于未央宫中。

（《汉书·郊祀志》）。

这里说的"剑宝"，便是斩蛇剑。

被珍而藏之的斩蛇剑，只有在十分庄重的仪式中才会被请出，比如新帝即位。《后汉书·礼仪志》记载，汉朝皇帝在即位仪式中还专门有一道程序："中黄门掌兵以玉具、隋侯珠、斩蛇宝剑授太尉。"

曹魏时期，斩蛇剑作为前朝宝物被保存了下来。曹魏之后，西晋建立，斩蛇剑被司马氏收藏，存于武库中。不幸的是，据《晋书·惠帝本纪》记载，"冬十月，武库火，焚累代之宝"，斩蛇剑也未能幸免。《晋书·五行志上》的记录更详尽："惠帝元康五年闰月庚寅，武库火……是以累代异宝，王莽头、孔子屐、汉高祖断白蛇剑及二百八万器械，一时荡尽。"

我以为，这大概是斩蛇剑最终的结局了。之所以用"大概"，是因为作为官方史料的《晋书》本身还有另一种说法：

武库火……故累代之宝及汉高斩蛇剑、王莽头、孔子屐等尽焚焉，时华见剑穿屋而出，莫知所向。（《晋书·张华列传》）

明代诗人王世贞凭此写成《高帝斩蛇剑》："大泽云腥碧血侵，芙蓉犹在匣中吟。天教武库穿云去，负尽残年斩马心。"

张华本身就是个传奇的人，他所写的《博物志》神奇瑰丽，他的故事里讲述的是否为真呢？

不知道了，毕竟往事已矣。

西楚霸王项羽的戟长什么样？

项王令壮士出挑战。汉有善骑射者楼烦，楚挑战三
合，楼烦辄射杀之。项王大怒，乃自披甲持戟挑战。（《史
记·项羽本纪》）

01

中国历史上有过许多这样那样的王，但号称霸王的人只有一个。

他目生重瞳。在相术上，这是一种很特别的异象，是天授的英雄
或帝王的标志。

他力能扛鼎。在一整部《史记》中，能做到此事的人只有两个。

非凡的力量造就了非凡的神勇：

羽之神勇，千古无二；太史公以神勇之笔，写神勇之人，亦千古
无二。（李晚芳）

《史记》中记载的项羽神勇事有很多，开篇引文中所讲的就是一件。楼烦本是北方游牧民族中的一支，善骑射之术，战斗力强悍。文中这个楼烦人身手了得，用弓箭连毙三名楚将，惹得项羽大怒，亲自持戟出战，而结果就是：

楼烦欲射之，项王瞋目叱之，楼烦目不敢视，手不敢发，遂走还入壁，不敢复出。（《史记·项羽本纪》）

这并不是唯一一次项羽用眼神"杀"人，在垓下之战中他的表现同样惊人：

是时，赤泉侯为骑将，追项王，项王瞋目而叱之，赤泉侯人马俱惊，辟易数里。（《史记·项羽本纪》）

项羽是不世出的统帅，是无敌的将军，却不是一个合格的帝王，但上天偏又给他一颗帝王之心。他高傲，不愿臣服于任何人，于是他去走自己的王者之路。错位的命运终究以悲剧收场，然而那又如何？霸王跃马挺戟，天下英雄无人敢与争锋的样子，当真令人无限神往。

那么，与霸王气概相辅相成的戟该是何等模样呢？

02

若论戟，最著名的应该就是方天画戟。这种武器大体是一杆长枪，在枪骹两侧各加上两根小枝，又通过小枝连接上月牙形的侧刃，整体呈井字形，略似方形。之所以在名字里加个"画"字，是因为戟杆上有彩绘装饰。

依据方天画戟的形状，有人说它可以做出刺、挑、撩、割、牵、挂、崩、扎等各样技术动作，是战场上的利器，只是对使用者的要求极高，若非有一身的好武艺，绝对不能驾驭。

不过，持这种看法的人大约有些想当然了，在很大程度上把武术表演的套路动作与战场上的杀敌动作视作了等同。实际上，虽然从装饰的角度看，方天画戟的月牙形侧刃威武霸气，但从实战角度看，它其实是一种像鸡肋的存在，因为侧刃就算再如何锋利，也是刺不如枪、砍不如刀，除非能一下割到要害处，不然很难一击毙敌。至于四根用于连接侧刃的小枝则会形成空隙，使刺出去的戟很容易被对方的兵器挂住，还会阻碍刃尖刺入的深度。

这么看，方天画戟的实用性并不强。事实也是如此。方天画戟在历史上的确存在，却多作为仪仗使用，用来表示使用者的身份等级。

早在两汉时，就有权贵在门前列戟以彰显身份：

> 公以下至二千石，骑吏四人，千石以下至三百石，县长二人，皆带剑，持棨戟为前列。（《后汉书·舆服志上》）

所谓"棨戟"，是一种套有缯衣或施有油漆的木戟，不仅可以用于门前陈列，还可以在官吏出行时作为前导使用。王勃在其名文《滕王阁序》中写道："都督阎公之雅望，棨戟遥临；宇文新州之懿范，襜帷暂驻。"描写的便是这种情况。

这种习惯发展到隋唐，便成了三品以上要员均可门前列戟：

唐制三品已上，门列棨戟，（张）俭兄弟三院门皆立戟，时人荣之，号为"三戟张家"。（《旧唐书·张俭传》）

可见，门前列戟被当时的人视为一种荣耀。

03

就没有真正用于实战的戟吗？有的，它由戈进化发展而来。这一点，学者郭沫若在其《殷周青铜器铭文研究》中有过精细论述：

内末有刃又戈之第二段进化。盖无刃之内末，几等于无用之长物；其必然之演进，必使之薄削以使戈之运转轻灵，因而更锋锐之以为刃，则是化无用为有用，使戈体之前后左右均具锋芒矣。有刃之戈，其形必轻便，于杀敌致命之用处处均显其效能。

戈为勾啄之兵，主要的攻击方式为啄击，所以最初"援"（戈的一处部件名称）的内侧并未开锋，由未开锋到开锋成刃，是更进一步的演变。郭沫若还推测了实现这种进化的缘由：化无用为有用。战争会使人用尽一切手段来增加兵器的杀伤力，榨干兵器每个部分的潜能，所以自然不会放着"援"的其他部位不管。此时的戈变得更加锋锐。

戈之第三段进化，则当是柲端之利用，戟之着刺是也。戈制发展至此，已几于完成之域，盖以一器而兼刺兵击兵勾兵割兵之用。戈之演化为戟，如蝌蚪之演化为青蛙，有戟之出而戈之制遂废，至两汉之世，所存者仅戟而已。

等到戈头的潜力已经被压榨尽了，人们又将目光转向戈柄（也即"柲"）。延长戈柄，在顶端加装一个矛头，让本无杀伤力的柲头变得可以进行刺击，对柲的这种利用可谓极其自然、水到渠成。

戈进化至此已臻大成，也有了自己的新名字——戟。

戟可刺可啄，可勾可割，显然比单纯的戈更加先进，也更适合车战。许多文献表明，大约在战国中晚期，它就已经基本取代了戈的地位。不过，在之后的时代里，随着甲胄制作水准的不断提高，防御力不断增强，重甲骑兵也有了较大的发展，勾啄类兵器已经无法给予重甲防护的敌人有效杀伤了。加之戟的制作工艺相对复杂，耗时较长，慢慢地，人们更专注于发展长枪利矛，除去一些将领还在使用戟，它已开始渐渐退出步战的舞台了。

长枪纵横，戟飞寒芒，刀光映月，剑气凝霜。英雄与他手中的兵器一起，在时代风云中书写着属于自己的不朽传奇，也最终被时代湮没。

第四章　文化篇

孔子为何想出仕帮助叛乱者？

公山不狃以费畔季氏，使人召孔子。孔子循道弥久，温温无所试，莫能己用，曰："盖周文武起丰镐而王，今费虽小，傥庶几乎！"欲往。子路不说，止孔子。孔子曰："夫召我者岂徒哉？如用我，其为东周乎！"然亦卒不行。（《史记·孔子世家》）

01

《史记》中记录的这件事，令后世的孔子研究者们颇为头痛。

公山弗扰复姓公山，名弗扰（也作不狃、不扰），字子泄，春秋时期鲁国人。他是鲁国当政者季孙氏的家臣，担任季氏的私邑——费邑的邑宰。因为某些原因，他最后和阳虎联合在一起，为祸作乱。

季寤、公鉏极、公山不狃皆不得志于季氏，叔孙辄无宠于叔孙氏，叔仲志不得志于鲁。故五人因阳虎。（《左传·定公八年》）

定公八年，公山不狃不得意于季氏，因阳虎为乱，欲废三桓之适，更立其庶孽阳虎素所善者，遂执季桓子。桓子诈之，得脱。定公九年，阳虎不胜，奔于齐。是时孔子年五十。（《史记·孔子世家》）

阳虎失败，逃到齐国，而公山弗扰仍以费宰的身份占领着费邑，还利用费邑反叛季氏。就是在这样的情形下，他派人来请孔子出山辅助自己。

按照绝大多数人的想象，孔子怎么会帮助叛乱的人呢？他必然会严词拒绝的。然而实际情况恰恰相反，《史记》中写得明明白白，孔子"欲往"，只是被子路拦住，最终没有成行。

类似的事情其实还有一次：

佛肸为中牟宰。赵简子攻范、中行，伐中牟。佛肸畔，使人召孔子，孔子欲往。子路曰："由闻诸夫子'其身亲为不善者，君子不入也'。今佛肸亲以中牟畔，子欲往，如之何？"孔子曰："有是言也。不曰坚乎，磨而不磷；不曰白乎，涅而不淄。我岂匏瓜也哉，焉能系而不食？"（《史记·孔子世家》）

晋国执政者赵简子攻打范、中行，其家臣佛肸盘踞在中牟造反，对抗赵简子。佛肸也请孔子出山，孔子又想去，子路依旧反对，师徒间发生了一场争论。

两个都是叛乱者，先后请孔子去帮助自己，而孔子竟然两次都想去，这是怎么回事？他不是该痛恨乱臣贼子吗？他是真的要去，还是在虚与委蛇，假意敷衍？

喜欢孔子的人大多将这理解为孔子开的玩笑，认为他是用这样的方法检验学生们的态度。一些推崇孔子的学者还找出种种依据，否定孔子想去的可能：

余按《春秋传》云："季氏将堕费，公山不狃、叔孙辄帅费人以袭鲁，入及公侧，仲尼命申句须、乐颀下伐之，费人北。"然则是弗扰叛而孔子伐而败之耳，初无所为召孔子及孔子欲往之事也……《史记》既移费叛于九年，又采此文于十三年，不亦先后矛盾矣乎！且夫"末之"云者，历聘诸侯而不遇之词也……子路何得遽云"末之"也耶！由是言之，谓弗扰之召孔子在十二年亦不合，谓在九年亦不合。总之，此乃必无之事也。（崔述：《洙泗考信录》）

清代崔述的论述有理有据，大家本该信服，可是后来又有学者逐一分析了崔述的论据，发现其中存在诸多错误。

崔氏对这两段记载多方责难，认为必无其事，猜疑属于所谓战国横议之士的附会，但他立说的各种主要观点和依据都是错误的、不可靠的。可见其说法不可取。（冯浩菲：《孔子欲应叛者之召辨疑》，《孔子研究》，2006年第2期）

冯浩菲对孔子行为的解释是：

生活中经常会碰到这样的情形：一个人仅仅同意可以做某一件事情，但他并不是真要去做，当另一个人提出异议时，他还要为自己所说的话和所表的态认真辩护一番。《论语》中关于孔子两次欲应叛者之召的记载，恐怕正属于这种情况。崔氏没有仔细玩味文意，未能猜透孔子的真意，对那两段记载盲目地加以否定，自然是不妥当的。

冯浩菲对崔述论据的反驳条分缕析，是令人信服的，可他对孔子想去的动机解释又太轻描淡写了。

既然不好解释，便有人提出干脆存而不论。杨伯峻在《论语译注》中便说：

因此赵翼的《陔余丛考》、崔述的《洙泗考信录》都疑心这段文字不可信。但是其后又有一些人，如刘宝楠《论语正义》，则说赵、崔不该信《左传》而疑《论语》。我们于此等处只能存疑。

02

但公山弗扰与佛肸两件事绝不是可有可无的，它们不仅在《史记》中有，也被非常清楚地记录在《论语》里。

编辑一本书，总是会依据一定的原则来取舍、安排篇章的，所以从编排上便可以看出一些编者的想法。孔门弟子也是一样，他们在编纂整理孔子非一时一地所说的言语时，想必也是有一定的原则的。所以，我们应当从头到尾通读《论语》中的某一篇，将这一篇中的各则素材连贯起来看，以此体会隐藏在素材背后的真意。

最能解释公山弗扰、佛肸两件事中孔子态度的，是《论语·阳货篇》。《阳货篇》开篇的第一则故事，就提出了一个君子是否要出仕的问题：

> 阳货欲见孔子，孔子不见，归孔子豚。孔子时其亡也，而往拜之。遇诸涂。谓孔子曰："来，予与尔言。"
> 曰："怀其宝而迷其邦，可谓仁乎？"曰："不可。""好从事而亟失时，可谓知乎？"曰："不可。""日月逝矣，岁不我与。"孔子曰："诺，吾将仕矣。"

阳货想见孔子，但又担心孔子拒绝，便趁孔子不在家的时候去送了一只蒸小猪。当时的礼俗是"大夫有赐于士，不得受于其家，则往拜其门"，依礼孔子也要"往拜其门"。孔子果然不愿见阳货，专挑阳货不在家时前去拜访，不料却在半路上遇见了。

一见面阳货就对孔子说："来，予与尔言。"很简单的几个字，连语气词都没有，却生动表现出阳货没有礼貌的神态。之后阳货两次提问："把自己的本领藏起来而听任国家迷乱，这可以叫作仁吗？""喜欢参与政事而又屡次错过机会，这可以说是智吗？"孔子都答不是。等阳货开始感叹时光一去不复返，再不做官就晚了，孔子终于开口应承："好吧，我将要去做官了。"

其实，孔子之前也有许多机会出仕，但他都没有选择做官，为什么现在竟然答应了？这就需要我们去看《阳货篇》接下来的两则：

子曰："性相近也，习相远也。"

子曰："唯上知与下愚不移。"

人的本性虽然大致差不多，但是由于环境的熏染和所受教育的不同，后天形成的性格、志趣等就会存在差异，而在这些方面，只有上等的智者与下等的愚者是不好改变的。依照朱熹《章句集注》的解说，"下愚"之所以"不移"，主要是不肯学习，不求上进。孔子自然不算是这一类，那么他应属于"上知"的范畴了（虽然他自己从不这样说），而"上知"之所以"不移"，是因为心中的原则改变不了。孔子一直坚持着自己的原则，对于什么时候出来做官，他有自己的权衡，不会因为阳货的几句话就改变坚持。时机到了，就出来尽力做事，可如果时机还未到，就要懂得坚守与拒绝，这是孔子自己的选择。

《阳货篇》的第四则讲的是"杀鸡焉用牛刀"的故事：

子之武城，闻弦歌之声。夫子莞尔而笑，曰："割鸡焉用牛刀？"子游对曰："昔者偃也闻诸夫子曰：君子学道则爱人，小人学道则易使也。"子曰："二三子！偃之言是也。前言戏之耳。"

好一个"前言戏之耳"！最后这句除了能够体现出孔子随和自然的态度，是不是也照应了《阳货篇》第一则中的"吾将仕矣"呢？孔子对阳货说要出仕大概不过是一句笑谈，不能当真。

接着，《阳货篇》便讲了公山弗扰与佛肸两个人请孔子的故事，它们分别是《阳货篇》的第五、第七则：

公山弗扰以费畔，召，子欲往。子路不悦，曰："末之也已，何必公山氏之之也。"子曰："夫召我者，而岂徒哉？如有用我者，吾其为东周乎？"

佛肸召，子欲往。子路曰："昔者由也闻诸夫子曰：'亲于其身为不善者，君子不入也。'佛肸以中牟畔，子之往也，如之何？"子曰："然，有是言也。不曰坚乎，磨而不磷；不曰白乎，涅而不缁。吾岂匏瓜也哉？焉能系而不食？"

这样的编排简直妙不可言。

公山弗扰与佛肸都有些政治问题，和谋反叛乱有些牵连，所以子路很不理解老师的做法：阳货那时就是玩笑，为什么这会儿又真的要去了？

03

其实，在《阳货篇》的孔子身上体现出来的是儒家的一个重要思想：经权相济。

所谓"权"，其实就是秤锤，通过它的左右移动，可使秤达到平衡，由此可称量物之轻重。

权者称也，所以别轻重。（《春秋公羊传·桓公十一年》）
权，然后知轻重。（《孟子·梁惠王上》）

权者，铢、两、斤、钧、石也，所以称物平施，知轻重也。（《汉书·律历志上》）

由此延伸开，人们便把一个人能够灵活应对各种情况、适时改变做法以达到事情平衡的行为称为"权变"。

孔子是非常重视"权"的，《论语·子罕》就有记录：

子曰："可以共学，未可与适道。可以适道，未可与立。可与立，未可与权。"

可以一起学习的人未必可以一起求道，可以一起求道的人未必可以一起坚守道，可以一起坚守道的人未必可以一起通权达变。孔子的序列中，"权"尚且在"道"之后，因为"权"是对"道"的具体运用。在孔子看来，得到了真理却不能将其用来解决实际问题，那是不可行的。儒是人所需，能经世致用的人才是真正的儒者。

淳于髡曰："男女授受不亲，礼与？" 孟子曰："礼也。" 曰："嫂溺则援之以手乎？" 曰："嫂溺不援，是豺狼也。男女授受不亲，礼也；嫂溺援之以手者，权也。"（《孟子·离娄上》）

男女授受不亲是礼的要求，礼是原则性的东西，不可以违背；但对自己的亲人见死不救也违反人伦常理，这个时候该怎么办？当普遍性的规律、原则与具体情境中的具体事件发生冲突时，孟子用一个

"权"字给出了解决方法：在权衡轻重的基础上，可以用不循常理的方式来守护根本大义。

不过，权虽是变化，却不是没有原则的变化，这个原则就是"经"。

《说文解字》上说："经，织也。"其本义是丝织物的纵线，因此有贯通之义，又引申为规律、原则。经典的著作是经，治国的原则、方略也是经。

经就是原则，权就是权变，经权相济就是既不违背原则，又能够因地制宜，灵活地处理具体的问题。

《孟子·万章下》中说："可以速而速，可以久而久，可以处而处，可以仕而仕，孔子也。"而孔子对子路的回答，正体现了他处世时的这种权变思想。

面对反叛者的邀请孔子选择去，并不是要帮助其谋反，而是因为对方的情况和阳虎不同，自己此时出仕可以有所作为：

> 为东周，欲行道也。公山、佛肸俱畔者，行道于公山，求食于佛肸，孔子之言无定趋也。言无定趋，则行无常务矣。周流不用，岂独有以乎？（《论衡·问孔》）

> 陈王赫然奋爪牙为天下首事，道虽凶而儒墨或干之者，以为无王之矣，道拥遏不得行，自孔子以至于兹，而秦复重禁之，故发愤于陈王也。孔子曰："如有用我者，吾其为东周乎！"庶几成汤、文、武之功，为百姓除残去贼，岂贪禄乐位哉？（《盐铁论·褒贤》）

> 孔子怀天覆之心，挟仁圣之德，悯时俗之污泥，伤纪纲之废坏，服重历远，周流应聘，乃俟幸施道以子百姓，而当世诸侯莫能任用，

是以德积而不肆，大道屈而不伸，海内不蒙其化，群生不被其恩，故喟然而叹曰："而有用我者，则吾其为东周乎！"故孔子行说，非欲私身，运德于一城，将欲舒之于天下，而建之于群生者耳。（《说苑·至公》）

04

孔子不拘泥于教条，既讲原则又不失灵活。怕世人还看不出这一点，所以《阳货篇》在公山弗扰、佛肸两则故事之间，又插入了这样一条：

子张问仁于孔子。孔子曰："能行五者于天下为仁矣。""请问之。"曰："恭、宽、信、敏、惠。恭则不侮，宽则得众，信则人任焉，敏则有功，惠则足以使人。"

在这里重申夫子心中的原则——仁，可谓非常及时。

前有想谋反的公山弗扰找孔子，后有做坏事的佛肸找孔子，而对于他们的要求孔子竟然都答应了，人们自然会担心孔子走向危险的边缘，一时糊涂导致晚节不保。这则问答便是为了告诉人们，孔子并未有忘记他一直以来坚持的"仁"，并且说明，能够做到恭、宽、信、敏、惠这五点的人就是仁人。

恭、宽、信、敏、惠五种行为可以形成五种结果：不辱、受用、得众、有功、使人，全都与治理有关。显然，这是在告诉人们如何才能成为一个好领导。如果孔子不想有所作为，他何必如此？"如有用我者，吾其为东周乎？"孔子的这句话绝非虚语。

孔子想做的，不是被环境所影响，而是反过来对环境施加积极的影响。在乱世之中不忘记仁，又要有所作为，当然就需要权变，子路虽然信任老师，却性格太直，不理解变通之道。作为提醒和教导，《阳货篇》在第八则的位置安排了这样一段对话：

子曰："由也！女闻六言六蔽矣乎？"对曰："未也。""居！吾语女。好仁不好学，其蔽也愚；好知不好学，其蔽也荡；好信不好学，其蔽也贼；好直不好学，其蔽也绞；好勇不好学，其蔽也乱；好刚不好学，其蔽也狂。"

在这一则孔子的回答中，体现出了一种非常辩证的思维方式。仁德、聪明、诚信、正直、勇敢、刚强都是很好的美德，可是孔子却看到了美德中蕴含的另一面，并提醒子路说，如果不好学，不以学问来节制、培养美德，它们就可能走向反面。

那么，应该学些什么呢？《阳货篇》接下来的三则恰到好处地回答了这个问题：

子曰："小子何莫学夫诗？诗，可以兴，可以观，可以群，可以怨。迩之事父，远之事君；多识于鸟兽草木之名。"

子谓伯鱼曰："女为《周南》《召南》矣乎？人而不为《周南》《召南》，其犹正墙面而立也与？"

子曰："礼云礼云，玉帛云乎哉？乐云乐云，钟鼓云乎哉？"

学习《诗经》就对了！

中国文化中具有一种诗性的精神。我们古代没有《圣经》，但有《诗经》，这种以诗为"经"的现象，大约是中国文化所独有的，这和我们的语言有关。汉语词汇多义模糊，语法灵活随意，语音上还具有音乐性，这些特点使得汉语不太利于清晰准确地表意，却天然地和艺术亲近。

但现实中，许多人学诗学得很呆板，他也许很勤奋很认真，甚至能够背诵整本《诗经》，却忽略或者全然不理解诗歌中的精神。在孔子看来，这样怎么能叫学习呢？所以他提醒说，难道追求礼乐就只是追求钟鼓玉帛这些物质形式吗？当然不是的，还要领略其内在精神，体会其本质。

当一个人学到了礼的精神，他就有了"经"，等他再学会具体问题具体分析，也就有了"权"，经权相济，这个人就能够"从心所欲不逾矩"。

这么看，对于孔子来说，去还是不去做官，其实从来都不是一个问题。《史记》也好，《论语》也好，它们记下这一笔，应该就是要后人更好地去学习孔子的这种处世之道。

《史记》中为什么有那么多无名却重要的"路人"？

> 于是武王已平商而王天下，封师尚父于齐营丘。东就国，道宿行迟。逆旅之人曰："吾闻时难得而易失。客寝甚安，殆非就国者也。"太公闻之，夜衣而行，犁明至国。莱侯来伐，与之争营丘。（《史记·齐太公世家》）

01

武王平定商纣之后成为天下的王，他把齐国营丘作为封地赏给师尚父。师尚父东行去自己的封国，一路上走得很慢。一天，在他暂住的旅店里，有个人忽然开口："我听说时机很难得到却容易失去。这位客人睡得这样安稳，恐怕不是去封国就任的吧。"这样的语言可不是寻常的寒暄，师尚父听了此言，连夜穿衣上路，黎明时分就到达了自己的封国。幸亏他到得早，正遇到莱侯带兵来攻，想争夺营丘这块封地，如果他晚到一步，封地可能就易主了。

师尚父就是姜尚，也就是众所周知的姜太公。关于他的神话故事大家也许听过不少，可历史上的他是个什么样的人？

> 与吕尚阴谋修德以倾商政，其事多兵权与奇计，故后世之言兵及周之阴权皆宗太公为本谋。（《史记·齐太公世家》）

这样一个祖师爷级的谋略家，也需要旁人的一语点醒吗？而且这个说出"时难得而易失"金句的人应该不是泛泛之辈，却为什么连个名字都没有，只能被称为"逆旅之人"？

如果说这样的桥段只是在史书中偶尔出现一下，那还可以用作者有意简约处理素材来解释，但稍稍罗列一下就会发现不是这样。仅看《史记》，类似的记载就有很多，比如：

> 外黄不下。数日，已降，项王怒，悉令男子年十五已上诣城东，欲坑之。外黄令舍人儿年十三，往说项王曰："彭越强劫外黄，外黄恐，故且降，待大王。大王至，又皆坑之，百姓岂有归心？从此以东，梁地十余城皆恐，莫肯下矣。"项王然其言，乃赦外黄当坑者。东至睢阳，闻之皆争下项王。（《史记·项羽本纪》）

一个十三岁的孩子竟然可以把局势看得如此透彻，几句话就改变了一城人的命运，还使得项羽兵不血刃地连下数城，这是何等的天才。可是，即便关于这个孩子的信息已经精确到"外黄令舍人儿"的地步了，在司马迁笔下也依然没有名姓。

另一个例子也出现在《项羽本纪》中：

项王至阴陵，迷失道，问一田父，田父绐曰"左"。左，乃陷大泽中。以故汉追及之。（《史记·项羽本纪》）

"田父"即一个种田的老农，这个老农在某种程度上决定了项羽的命运，也间接影响了历史的走向，司马迁为了凸显这一点，特地用了一个"以故"，说明正是因为他的缘故，项羽才被被汉军追上。可是即便他的作用这么重要，在史书中也依然没有名字。

像这样的老者不止一位，有一个比田父更加有名气，他就是黄石老人：

良尝间从容步游下邳圯上，有一老父，衣褐，至良所，直堕其履圯下，顾谓良曰："孺子，下取履！"良鄂然，欲殴之。为其老，强忍，下取履。父曰："履我！"良业为取履，因长跪履之。父以足受，笑而去。良殊大惊，随目之。父去里所，复还，曰："孺子可教矣。后五日平明，与我会此。"良因怪之，跪曰："诺。"五日平明，良往。父已先在，怒曰："与老人期，后，何也？"去，曰："后五日早会。"五日鸡鸣，良往。父又先在，复怒曰："后，何也？"去，曰："后五日复早来。"五日，良夜未半往。有顷，父亦来，喜曰："当如是。"出一编书，曰："读此则为王者师矣。后十年兴。十三年孺子见我济北，榖城山下黄石即我矣。"遂去，无他言，不复见。旦日视其书，乃太公兵法也。良因异之，常习诵读之。
（《史记·留侯世家》）

黄石老人当然不是真名，而且司马迁在这里的写作笔法已经有点传奇的意味了，黄石老人好像就是为了"点化"未来的谋圣而出现的，看其行为、听其言语，都透着股神龙见首不见尾的道骨仙风模样。他的行为是否有影响到历史呢？有，因为后文紧接着就写道：

　　良数以太公兵法说沛公，沛公善之，常用其策。良为他人言，皆不省。良曰："沛公殆天授。"故遂从之，不去见景驹。（《史记·留侯世家》）

　　张良对于大汉的作用自不必说，而司马迁说，他的依靠就是黄石老人传授给他的兵书。为什么司马迁会这样写？他难道忘了自己写的是史书而不是小说吗？

　　无独有偶，作为张良的主公，刘邦也曾遇到一位神奇的老者：

　　高祖为亭长时，常告归之田。吕后与两子居田中耨，有一老父过请饮，吕后因哺之。老父相吕后曰："夫人天下贵人。"令相两子，见孝惠，曰："夫人所以贵者，乃此男也。"相鲁元，亦皆贵。老父已去，高祖适从旁舍来，吕后具言客有过，相我子母皆大贵。高祖问，曰："未远。"乃追及，问老父。老父曰："乡者夫人婴儿皆似君，君相贵不可言。"高祖乃谢曰："诚如父言，不敢忘德。"及高祖贵，遂不知老父处。（《史记·高祖本纪》）

　　这个故事里的老者善于相面，预言了刘邦的未来，和黄石老人一样，他也没有名字，而且在完成使命后就同样不知所终了。

02

在无名路人、无名少年、神秘老人之外，一些"或"[1]在史书中也承担着影响历史发展的重要作用：

或说沛公曰："秦富十倍天下，地形强。今闻章邯降项羽，项羽乃号为雍王，王关中。今则来，沛公恐不得有此。可急使兵守函谷关，无内诸侯军，稍征关中兵以自益，距之。"沛公然其计，从之。（《史记·高祖本纪》）

这个计策不可谓不对，只是时机抓得不好，惹恼了项羽，给刘邦带来了巨大麻烦，差点要了刘邦的命。但就是这样一件大事，提出这个计策的人什么名都没有留下。难道这么关键的时候，刘邦会听从一个无名小卒的建议？难道他事后就没有追责吗？为什么《史记》中只用一个"或"字代替？

和刘邦一样遇到过"或"的还有燕哙公。燕王贪图虚名，效仿古人禅让把权力交了出去，结果导致国内大乱。在他放弃权力的过程中，三次有人推波助澜。先上场的是苏代：

苏代为齐使于燕，燕王问曰："齐王孰如？"对曰："必不

---

① "或"在这里是不定代词，有"……的人"之义。

霸。"燕王曰："何也？"对曰："不信其臣。"苏代欲以激燕王以尊子之也。于是燕王大信子之。子之因遗苏代百金，而听其所使。（《史记·燕召公世家》）

苏代之后，鹿毛寿接过了第二棒：

鹿毛寿谓燕王："不如以国让相子之。人之谓尧贤者，以其让天下于许由，许由不受，有让天下之名而实不失天下。今王以国让于子之，子之必不敢受，是王与尧同行也。"燕王因属国于子之，子之大重。（《史记·燕召公世家》）

而完成关键一步，最终推动燕王禅让的，却是一个没有名字的"或"：

或曰："禹荐益，已而以启人为吏。及老，而以启人为不足任乎天下，传之于益。已而启与交党攻益，夺之。天下谓禹名传天下于益，已而实令启自取之。今王言属国于子之，而吏无非太子人者，是名属子之而实太子用事也。"王因收印自三百石吏已上而效之子之。子之南面行王事，而哙老不听政，顾为臣，国事皆决于子之。（《史记·燕召公世家》）

在春秋时期著名的骊姬之乱中，"或"也起到了很关键的作用：

此时重耳、夷吾来朝。人或告骊姬曰："二公子怨骊姬谮杀太子。"骊姬恐，因谮二公子："申生之药胙，二公子知之。"二子闻之，恐，重耳走蒲，夷吾走屈，保其城，自备守。（《史记·晋世家》）

总结一下，似乎司马迁在写作《史记》时有这样一种倾向：老者往往起到正面推动历史的作用，而"或"大都是起负面作用。

和"或"一样待遇的还有仆人：

田文既死，公叔为相，尚魏公主，而害吴起。公叔之仆曰："起易去也。"公叔曰："奈何？"其仆曰："吴起为人节廉而自喜名也。君因先与武侯言曰：'夫吴起贤人也，而侯之国小，又与强秦壤界，臣窃恐起之无留心也。'武侯即曰：'奈何？'君因谓武侯曰：'试延以公主，起有留心则必受之。无留心则必辞矣。以此卜之。'君因召吴起而与归，即令公主怒而轻君。吴起见公主之贱君也，则必辞。"于是吴起见公主之贱魏相，果辞魏武侯。武侯疑之而弗信也。吴起惧得罪，遂去，即之楚。（《史记·孙子吴起列传》）

吴起可是超一流人才，一个无名的仆人竟然认为对付他很简单，并且立时献出一条计策。这计策运行之流畅、针对性之强、效果之好，简直可以列入历史前五，而制定它的人竟然只是一个无名无姓的仆人，且说得轻描淡写，举重若轻。这个人真的只是一名仆人吗？什么样的仆人能有此等心计？有此等心计的人又怎会一直为仆？这个故事里不合理的地方实在太多了。

吴起受到无名之人的危害，但也有人受益：

汉十二年秋，黥布反，上自将击之，数使使问相国何为。相国为上在军，乃拊循勉力百姓，悉以所有佐军，如陈豨时。客有说相国曰："君灭族不久矣。夫君位为相国，功第一，可复加哉？然君初入关中，得百姓心，十余年矣，皆附君，常复孳孳得民和。上所为数问君者，畏君倾动关中。今君胡不多买田地，贱赁贷以自污？上心乃安。"于是相国从其计，上乃大说。（《史记·萧相国世家》）

赵孝成王德公子之矫夺晋鄙兵而存赵，乃与平原君计，以五城封公子。公子闻之，意骄矜而有自功之色。客有说公子曰："物有不可忘，或有不可不忘。夫人有德于公子，公子不可忘也；公子有德于人，原公子忘之也。且矫魏王令，夺晋鄙兵以救赵，于赵则有功矣，于魏则未为忠臣也。公子乃自骄而功之，窃为公子不取也。"于是公子立自责，似若无所容者。（《史记·魏公子列传》）

这两个故事中，无名人的身份都是门客，按理说既是门客，又在关键时候出手相助，萧何、魏无忌应该知道他们的名字，而司马迁也应查得出他们的名字，为何《史记》中仍然不写明呢？

无名之人不仅会在关键时刻出手相助，有时候还会成为名人的知音，孔子就不止一次遇到过这样的人：

孔子适郑，与弟子相失，孔子独立郭东门。郑人或谓子贡曰：

"东门有人，其颡似尧，其项类皋陶，其肩类子产，然自要以下不及禹三寸。累累若丧家之狗。"子贡以实告孔子。孔子欣然笑曰："形状，末也。而谓似丧家之狗，然哉！然哉！"（《史记·孔子世家》）

尧、皋陶、子产、禹，这些人都是古代的明君贤臣，用他们来类比孔子的形貌，但最后的结论却是说他像丧家犬一样，真是很有意味。是隐喻着圣人之道已被世人抛弃吗？这样巧妙的形容，怎么会是随随便便一个路人说得出来的呢？

孔子击磬。有荷蒉而过门者，曰："有心哉，击磬乎！硁硁乎，莫己知也，夫而已矣！"（《史记·孔子世家》）

这个扛着草筐的人居然能听懂孔子的磬音，就像高山流水的知音一般。

长沮、桀溺耦而耕，孔子以为隐者，使子路问津焉。长沮曰："彼执舆者为谁？"子路曰："为孔丘。"曰："是鲁孔丘与？"曰："然。"曰："是知津矣。"桀溺谓子路曰："子为谁？"曰："为仲由。"曰："子，孔丘之徒与？"曰："然。"桀溺曰："悠悠者天下皆是也，而谁以易之？且与其从辟人之士，岂若从辟世之士哉！"耰而不辍。子路以告孔子，孔子怃然曰："鸟兽不可与同群。天下有道，丘不与易也。"（《史记·孔子世家》）

长沮和桀溺都不是真名，他们与孔子的对话也都富于潜台词。

像这样的事，屈原也遇到过：

> 屈原至于江滨，被发行吟泽畔。颜色憔悴，形容枯槁。渔父见
> 而问之曰："子非三闾大夫欤？何故而至此？"屈原曰："举世混浊
> 而我独清，众人皆醉而我独醒，是以见放。"渔父曰："夫圣人者，
> 不凝滞于物而能与世推移。举世混浊，何不随其流而扬其波？众人皆
> 醉，何不哺其糟而啜其醨？何故怀瑾握瑜而自令见放为？"屈原曰：
> "吾闻之，新沐者必弹冠，新浴者必振衣，人又谁能以身之察察，受
> 物之汶汶者乎！宁赴常流而葬乎江鱼腹中耳，又安能以皓皓之白而蒙
> 世俗之温蠖乎！"（《史记·屈原贾生列传》）

仅仅是在《史记》中，就可以大致罗列出十多次这样的记载，若
细细梳理，还会有更多，可见这绝不是司马迁偶尔为之，而是有意要
如此写。

03

基于现有素材归纳一下，就能发现这些无名的人有几个共同特点：

第一，他们都很神秘。

在这些无名人中，有一些人的名字如果仔细考察是不难得知的，
但司马迁在《史记》中要么完全不写姓名，要么就用身份、职业等代
称。不知其名，自然就会令读者有高深莫测之感，而这些人往往不知
其所出，行事之后又不知其所终，更突出了一份神秘感。

这种笔法的运用不仅仅出现在《史记》中，其他史书在写这样的人物时也往往有意运用一些特别的细节描写来凸显其神秘：

晨夜兼行，蒙犯霜雪，天时寒，面皆破裂。至呼沱河，无船，适遇冰合，得过，未毕数车而陷。进至下博城西，遑惑不知所之。有白衣老父在道旁，指曰："努力！信都郡为长安守，去此八十里。"光武即驰赴之，信都太守任光开门出迎。（《后汉书·光武帝纪》）

古人写史大都惜墨如金，词句简洁，可这里却专门写了老者身穿白衣。其实"白衣"这个细节完全不影响事件的叙述，它所能影响的只是老者的形象。换句话说，作者是有意进行这样的人物塑造的。

第二，他们都不贪恋名利，功成即身退。

这些无名之人都给了当事人莫大的帮助，完全可以凭借这一份功劳邀功请赏，可是史书中却完全没有这方面的记载。给信陵君提建议的那位门客和帮助萧何免去刘邦猜疑的那个门客，在史料中都没有任何受赏赐的记载，而那个献计逼走吴起的仆人按理是可能据此得赏的，可后文中也没有写。是他们原本就没要，还是虽有赏赐但司马迁有意剪裁了素材，不予记录？至于给刘邦看相的那位老者，司马迁写道："及高祖贵，遂不知老父处。"即便是已经成为天子的刘邦想要找到他回报一番，也是遍寻不到。

总之，司马迁似乎有意要给这些人营造一种"功遂身退，天之道也"的效果。

第三，他们都具有高超的智慧和才能。

这些无名之人说的话都极具哲理，他们或透析局势，或明辨人心，献出的计谋都极其高妙，无双的智计和他们平平无奇的身份形成了巨大反差。

要知道，古时候的平民百姓是根本没有机会读史书、学经义的，怎么可能拥有这样的远见卓识？怎么可能制定出这样厉害的谋略？

对于这一点，《资治通鉴》里记载的贯珠之谋最能体现：

田单相齐，过淄水，有老人涉淄而寒，出水不能行。田单解其裘而衣之。襄王恶之，曰："田单之施于人，将欲以取我国乎？不早图，恐后之变也。"左右顾无人，岩下有贯珠者，襄王呼而问之曰："汝闻吾言乎？"对曰："闻之。"王曰："汝以为何如？"对曰："王不如因以为己善。王嘉单之善，下令曰：'寡人忧民之饥也，单收而食之；寡人忧民之寒也，单解裘而衣之；寡人忧劳百姓，而单亦忧之，称寡人之意。'单有是善而王嘉之，单之善亦王之善也。"王曰："善。"乃赐单牛酒。后数日，贯珠者复见王曰："王朝日宜召田单而揖之于庭，口劳之。乃布令求百姓之饥寒者，收谷之。"乃使人听于闾里，闻大夫之相与语者曰："田单之爱人，嗟，乃王之教也！"（《资治通鉴·周纪》）

襄王猜忌田单，怕他觊觎王位。襄王的话被贯珠者（串珠了的低贱劳作人）听到，一时间田单和贯珠者都有被杀的危险，贯珠者却不慌不忙，教襄王如何把田单的功劳引导到自己的身上，如是，田单免去了被猜忌的危险，襄王的王位坐得更加安稳，贯珠者自己也逃脱了被灭口的命运。

因势利导，不动声色便收三方之利，这样高明的谋略出自一名贯珠者之口，实在不合理。

第四，他们都改变了历史的走向。

无名者虽无名，他们做的却都是能在历史上留下印迹的事，这一点非常重要，也是史书重点书写的地方。如果项羽没有被骗至沼泽，没有被汉军追上；如果吴起没有离开魏国；如果萧何没有摆脱刘邦的猜疑；如果刘秀没有坚持到信都……只要一个"如果"发生了，历史就很可能会变成另外一番样子。

04

为什么司马迁和其他一些史家要用这种带着神秘色彩的方式书写故事？他们记录这么多无名却重要的人，又想表达什么呢？这就要从影响司马迁等史家的思想潮流说起了。

春秋战国时期百家争鸣，出现了大大小小诸多思想流派，各个流派的人才、著作众多，思想错综复杂，如果没有史学家对其进行整理提炼，很难形成真正的价值，于是司马迁的父亲司马谈写了《论六家要旨》，将驳杂的流派最后总结为儒、墨、名、法、道德、阴阳六家：

> 夫阴阳、儒、墨、名、法、道德，此务为治者也，直所从言之异路，有省不省耳。（《太史公自序》）

六家学说都是探讨治国之道、能使国家强盛的理论，只不过他们所尊奉的理论有异，治国所采用的方法不同，而司马谈本人更推崇道家：

> 道家使人精神专一，动合无形，赡足万物。其为术也，因阴阳之大顺，采儒墨之善，撮名法之要，与时迁移，应物变化，立俗施事，无所不宜，指约而易操，事少而功多。

> 道家无为，又曰无不为，其实易行，其辞难知。其术以虚无为本，以因循为用。无成势，无常形，故能究万物之情。不为物先，不为物后，故能为万物主。（《太史公自序》）

司马迁本人虽更推崇儒家，但他也继承了父亲的一些观点。

现在答案开始明晰了。《史记》中这些频频出现的无名"路人"，正是那虽无成势常形却能为万物主的道家思想的化身。他们总是在关键时刻出现，不就是"应物变化"吗？他们神秘地出现又神秘地消失，不就是"动合无形"吗？他们的行为都影响了历史的走向，不就是"事少而功多"吗？

影响历史进程的有两种力量，一种是站在舞台前，直面观众的、看得见的英雄，而另一种则是游离在幕后的高人。后者几乎从不留下姓名，但在史书上却频频出现，且能起到关键作用。相比于前者，后者不求名利，其所思所虑或以天下为由，或以百姓为本。道家一直以这种隐秘的方式影响着历史。

另外，如果思考得再深入一点，这些有道家色彩的无名人还代表着历史的偶然性。

　　历史有其必然性，该发生的早晚会发生：嬴政不统一天下，也会有其他人去统一；刘邦不建立大汉，也会有别人建立；铁质刀剑一定会取代青铜武器；马镫一定会出现……可若是只看到了历史的必然性，那就容易陷入宿命论的陷阱。历史还有偶然性的一面，这些偶然性也有着非常大的作用，他们形成一股伏流，为历史添上一缕禅机。如此才叫"一阴一阳之谓道"，如此历史才更加有魅力。

不严谨但伟大：为什么中国古人都爱类比说理？

楚威王闻庄周贤，使使厚币迎之，许以为相。庄周笑谓楚使者曰："千金，重利；卿相，尊位也。子独不见郊祭之牺牛乎？养食之数岁，衣以文绣，以入大庙。当是之时，虽欲为孤豚，岂可得乎？子亟去，无污我。我宁游戏污渎之中自快，无为有国者所羁，终身不仕，以快吾志焉。"（《史记·老子韩非列传》）

01

庄子不想出仕做官，即使是被许以丞相的高位也不愿意。如果我们把他这段拒绝的话看作一小段议论文，那么"终身不仕，以快吾志"就是中心论点。论点是需要证明的，所以庄子还要给出几条逻辑性强、贴切合理的论据，论据与论点间的因果关系越明确，论证的力量就越强，也就越能说服别人。

但问题恰恰就出在这关键的论据上。仔细想想，庄子的论证过程其实非常地不合理，甚至可以说是很跳跃、很幼稚的。

为了拒绝做官，庄子讲了一头牛的故事：牛是用于祭祀天地的祭品，当给它披上带有花纹的绸缎，把它牵进太庙去的时候，即使它再想在泥水中嬉戏也办不到了。而庄子不想这样，他宁愿在小水沟里身心愉快地游戏，也不愿被国君所束缚，所以才不去做官。

这样的论证方式叫类比论证，也叫比喻论证。举个简单的例子：小明聪明、活泼、开朗，同时还懂事，小王也聪明、活泼、开朗，所以小王一定也很懂事。

这个结论严谨吗？当然不。

类比论证是一种比较主观的、不充分的、不严谨的似真推理，要确认结论的正确性，必须还要经过其他严格的论证才行。就像庄子的这番话，其中的逻辑力量其实非常脆弱。

02

庄子为什么要用类比说理呢？以他的才智，不可能想不出更严密、更有说服力的理由。

其实这不是庄子一个人的问题。稍微涉猎一卜诸子百家的作品和其他一些古人说理的文章就会发现，中国古人大多都喜欢采用类比的方式说理，而且特别喜欢从自然事物推到人的身上。

《菜根谭》中就说：

忽睹天际彩云，常疑好事皆虚事。

天空中彩云时聚时散，前一刻还美好动人，下一刻就消散无踪了，所以我们不要太执着于美好的事，因为下一刻可能就失去了。

苏轼则在其词作《浣溪沙·游蕲水清泉寺》中说：

谁道人生无再少？门前流水尚能西！休将白发唱黄鸡。

流水有时也能向西流去，人生为什么不可以再一次重回少年呢？对生活、对未来永远不要失去信心和勇气。

《道德经》中也有类比思维下得出的妙论：

揣而锐之，不可长保。

把金属物体锤打得又尖又锐，它就很容易折断，所以为人做事应该低调，不能锋芒毕露、不知退让。

这种例子在古人的议论文章中不胜枚举，荀子的名篇《劝学》大约是集大成者，全文几乎都以类比推理构成：

积土成山，风雨兴焉；积水成渊，蛟龙生焉；积善成德，而神明自得，圣心备焉。故不积跬步，无以至千里；不积小流，无以成江海。骐骥一跃，不能十步；驽马十驾，功在不舍。锲而舍之，朽木不折；锲而不舍，金石可镂。蚓无爪牙之利，筋骨之强，上食埃土，下饮黄泉，用心一也。蟹六跪而二螯，非蛇鳝之穴无可寄托者，用心躁也。

甚至不只是写文章，哪怕是极为严肃的时刻，比如大臣劝君主不要打仗的时候，古人也会随时来上几句类比：

今闻大王欲伐楚，此犹两虎相与斗。两虎相与斗而驽犬受其弊，不如善楚。（《史记·春申君列传》）

对此现象，王安石有过总结：

于是余有叹焉。古人之观于天地、山川、草木、虫鱼、鸟兽，往往有得，以其求思之深而无不在也。（《游褒禅山记》）

古人就是喜欢从天地自然规律中推出种种道理。就连王安石自己也不例外，一次爬山的经历，就让他推理出如下结论：

夫夷以近，则游者众；险以远，则至者少。而世之奇伟、瑰怪、非常之观，常在于险远，而人之所罕至焉，故非有志者不能至也。有志矣，不随以止也，然力不足者，亦不能至也。有志与力，而又不随以怠，至于幽暗昏惑而无物以相之，亦不能至也。然力足以至焉，于人为可讥，而在己为有悔；尽吾志也而不能至者，可以无悔矣，其孰能讥之乎？此余之所得也。（《游褒禅山记》）

若真从严谨逻辑的角度去批评，王安石得出结论的过程也和庄子一样，如同儿戏。积土的过程和修养品德的过程并不具有一致性，积土可以成山，但也有土质松软不能成山的情况，如果我们所见是后者，便可以得出"积德其实不能成圣"这样的结论吗？显然不行。

03

有人批评说，中国古代没有哲学，因为没有严密的、依靠一步步推理而得出的结论，只有一些感性的体悟，而这些体悟的得出又是如此随便。自然是自然，人是人，两者怎么可以等同？难道因为地球是圆的，所以就说做人要圆滑一点吗？

提出这种观点的人，大约是不了解中国古人与自然的关系。中国古人为何都爱类比推理？是他们都缺乏逻辑与科学精神，不太会论证吗？当然不是。其实，这个问题的答案不应从科学，而更应该从文化的角度去分析。如果把答案总结成一句话，那便是：

人法地，地法天，天法道，道法自然。（《道德经》）

这句话里体现的，是中国古代天人合一、师法天地的思想。

早在商代，殷人就把有意志的神（"帝"或"天帝"）看成是天地万物的主宰：

殷人尊神，率民以事神。先鬼而后礼，先罚而后赏，尊而不亲。（《礼记·表记》）

不论征战、田猎、疾病、行止，大小事务都可以通过占卜的方式求问于神。这个时候，天即是神，还没有什么道德属性，它的地位崇高，人要无条件地服从于它。

及至春秋战国时期，儒家已不再把天视为高高在上的神，而是把它认作人性、义理的来源与起点：

天何言哉？四时行焉，百物生焉，天何言哉？（《论语·阳货》）

尽其心者，知其性也；知其性则知天矣。（《孟子·尽心上》）

而在道家那里，天也不再是高高在上的神，而是自然，是规律：

天地不仁，以万物为刍狗。（老子：《道德经》）

天地与我并生，而万物与我为一。（庄子：《齐物论》）

换言之，儒家的人与义理之天合一，道家的人与自然之天合一。

到了宋明时期，儒家的理念再一次得到发扬：

儒者则因明致诚，因诚致明，故天人合一。（张载：《正蒙·诚明》）

由此，天人合一这个词被正式提出。此时的儒家认为，凡是能体悟到人与人之间、人与物之间有着息息相通内在关系的人，便能达到"仁者以天地万物为一体，莫非己也……"（《二程遗书》）的崇高境界。

既然天地是人间道理、规律、道德、心性的来源，那么最好的学习方式是什么？自然是师法天地，即从天地自然那里学习做人做事的道理，于是"格物致知"的概念出现了。

所谓"格物"，字面意思就是探究事物之理。以南宋朱熹为代表的儒学认为，人世间的真理是存在于各种事物当中的，人只有先对事物进行仔细观察，了解了这些自然道理后，才能获得智慧。

著名的王阳明在年轻时候就曾和同学相约"格"过竹子。他们在竹林前铺好席子，坐在上面天天看竹，然后思索。三天很快过去，同学顶不住累病了，王阳明认为是他的诚心不够，结果又坚持一星期之后，他自己也因思索过度而病倒了。从此他便得出一个结论：格身外物徒劳无功，真正的道理应该存在于人的内心。

史学大家钱穆曾说，若你想要格竹子，那就第一天拿一把尺子量一量它的长度，过些天再拿尺子量一量，看看它长了多少，这就是"格"了。钱氏的"格物"未免也太简单了点。其实，"格"竹不是要盯着竹看，也不是要了解竹子的生物学知识。中国古人的"格物"与科学无关，他们是要从万事万物中学到做人做事的道理，他们"格"的是道德之理。

未出土时已有节，到凌云处尚虚心。（徐庭筠：《咏竹》）

竹子挺拔，激励人们应该像它一样正直；竹子有节，提醒人们应该时刻坚守道义；竹子中空外直，告诉人们应该虚怀若谷……像这样，在看竹的过程中发现竹子的特点，并用它来砥砺自己提升品格，这才是"格"过了竹。

后来王阳明在《君子亭记》中说"竹有君子之道四焉"，看来他终于明白怎样格竹子了。

正如《菜根谭》中说的："物物见天心，时时观妙道。"中国的文化传统从来不喜欢把天地自然当作与人对立的客体来看待，他们喜爱自然，皈依自然，生生与共，所以才有"阳春召我以烟景，大块假我以文章"——文章何必一定要用笔墨来写？天地万物就是在叙事抒情：

中国的"人"和中国的"自然"，从《诗经》起，历楚汉辞赋唐宋诗词，连绵表现着平等参透的关系，乐其乐亦宣泄于自然，忧其忧亦投诉于自然。在所谓"三百篇"中，几乎都要先称植物动物之名义，才能开诚咏言；说是有内在的联系，更多的是不相干地相干着。学士们只会用"比"、"兴"来囫囵解释，不问问何以中国人就这样不涉卉木虫鸟之类就启不了口作不成诗……楚辞又是统体苍翠馥郁，作者似乎是巢居穴处的，穿的也自愿不是纺织品，汉赋好大喜功，把金、木、水、火边旁的字罗列殆尽，再加上禽兽鳞介的谱系，仿佛是在对"自然"说："知尔甚深。"到唐代，花溅泪鸟惊心，"人"和"自然"相看两不厌，举杯邀明月，非到蜡炬成灰不可，已岂是"拟人""移情""咏物"这些说法所能敷衍。

宋词是唐诗的"兴尽悲来"，对待"自然"的心态转入颓废，梳剔精致，吐属尖新，尽管吹气若兰，脉息终于微弱了，接下来大概有鉴于"人"与"自然"之间的绝妙好辞已被用竭，懊恼之余，便将花木禽兽幻作妖化了仙，烟魅粉灵，直接与人通款曲共枕席，恩怨悉如世情——中国的"自然"宠幸中国的"人"，中国的"人"阿谀中国的"自然"？孰先孰后？孰主孰宾？从来就分不清说不明。（木心：《九月初九》）

在这样的文化精神影响下，运用类比的方式说理，将自然之理推及到人事之理，就是水到渠成的了。正如季羡林所说：

东西两大文化体系的区别，随处可见。它既表现在物质文化上，也表现在精神文化上。具体的例子不胜枚举。但是，我个人认为，两大文化体系的根本区别来源于思维模式之不同。这一点我在上面已经提到过：东方的思维模式是综合的，西方的思维模式是分析的。勉强打一个比方，我们可以说：西方是"一分为二"，而东方则是"合二而一"。再用一个更通俗的说法来表达一下：西方是"头痛医头，脚痛医脚"，"只见树木，不见森林"，而东方则是"头痛医脚，脚痛医头"，"既见树木，又见森林"。说得再抽象一点：东方综合思维模式的特点是，整体概念，普遍联系；而西方分析思维模式则正相反。

现在我回到本题。"天人合一"这个命题正是东方综合思维模式的最高最完整的体现。（季羡林：《谈东西方文化》，浙江人民出版社2016年版）

古时候的兵符有多重要?

> 侯生乃屏人间语,曰:"嬴闻晋鄙之兵符常在王卧内,
> 而如姬最幸,出入王卧内,力能窃之……公子从其计,请如
> 姬。如姬果盗晋鄙兵符与公子。(《史记·魏公子列传》)

01

兵符,因其形状多为立虎或卧虎,又被称为虎符。它是有出土实物的,但历代出土的兵符极少,目前有新郪虎符(流失到法国)、阳陵虎符(藏于中国国家博物馆)和杜虎符(藏于陕西历史博物馆)三件较为知名,还有一枚东郡虎符,其真伪争议较大。这几件珍贵文物均为秦国兵符。秦国以虎为图腾,用虎作为兵符的形制,寓意秦军士兵就犹如蓄势待发的猛虎一般。

其实不止东郡虎符,杜虎符的真伪问题在学界也曾经历了数年的争辩,对立双方互有考证与立论,目前大多数学者认为它是铸造于秦惠文王时期的一枚兵符,当为真。

兵符的作用是调动军队。

我们经常在影视剧中听到这样一句话：将在外，君命有所不受。这句话听起来很霸气，但实际情况却有所不同。大部分时候，即使将在外，如果君主的命令传达过去，他也是不敢不受的。那些不受命的人，结局堪忧：

……秦王自命，不行；乃使应侯请之，武安君终辞不肯行，遂称病。秦王使王齕代陵将，八九月围邯郸，不能拔。楚使春申君及魏公子将兵数十万攻秦军，秦军多失亡。武安君言曰："秦不听臣计，今如何矣！"秦王闻之，怒，强起武安君，武安君遂称病笃。应侯请之，不起。于是免武安君为士伍，迁之阴密。武安君病，未能行。居三月，诸侯攻秦军急，秦军数却，使者日至。秦王乃使人遣白起，不得留咸阳中。武安君既行，出咸阳西门十里，至杜邮。秦昭王与应侯群臣议曰："白起之迁，其意尚怏怏不服，有余言。"秦王乃使使者赐之剑，自裁。（《史记·白起王翦列传》）

皇权必须由军队来保卫，可除了嬴政、刘邦、李世民、朱元璋等少数几个军事才能卓越的皇帝外，绝大部分皇帝都少有机会亲自率军打仗，他们必须把军队交给将军去统领。这样一来，皇帝们就有了一种微妙的矛盾心理：既担心拿到兵权的将领拥兵自重，又不得不依靠他们去打仗。加之古代通信手段极其原始，无法随时掌握军中动向，也不能及时调整命令，那么皇帝要怎么解决矛盾呢？关键在于两点：第一，皇帝必须确认派出的将领绝对忠于自己；第二，皇帝必须保证自己可以调动军队，而又让其他人不能随意调动。

于是，虎符制度出现了。

02

从虎符的铭文上，我们可以知道虎符的使用方法：

甲兵之符，右在王，左在新郪。凡兴士被甲用兵五十人以上，必
会王符，乃敢行之。燔燧事，虽母（毋）会符，行殴（也）。（新郪
虎符）

这是秦国攻下魏国新郪后颁发给驻守将领的兵符，经王国维先生
考证为"秦并天下前二三十年间物"。

甲兵之符，右在皇帝，左在阳陵。（阳陵虎符）

这是秦始皇统一天下后颁发给阳陵驻守将领的兵符。

兵甲之符。右在君，左在杜。凡兴土被甲用兵五十人以上，必
会君符，乃敢行之。燔燧之事，虽母（毋）会符，行殴（也）。（杜
虎符）

这是秦国杜地军事长官的兵符。兵符的右半边存在君王之处，
左半边则在杜地的军事长官手中，凡要调动五十人以上的兵卒，杜地

的左符就要与君王的右符会合，如此才能行军令。但遇有紧急情况，可以点燃烽火，不必会君王的右符。这些铭文采用错金工艺，先在虎身镂刻阴文，再将金丝嵌入阴文之内，最后镂平打磨光亮，虽历经千年，却仍熠熠闪光。

总结虎符上的这些铭文，我们可以明白无误地知道，兵符的用法首先是合符以取信。

我国的符节制度起源甚早。先民契刻记事，后来这个动作被发展成符节，人们把刻有一些特殊符号的竹木作为某种标志或象征，将之一剖为二，分存两处，用时合起来，以为凭证。

符，信也。汉制以竹，长六寸，分而相合。（《说文解字》）

更完备的符节制度便是从这些最初的凭信方式上发展出来的。

需要注意的是，所谓"符节"，其实所指是两种不同作用的东西。从传世及出土的不同时期符节器物上的铭文可以得知，征调兵将时传达重要军令时用的多被称为"符"，传达重要政令或作为某种特殊凭证的则称"节"者居多。

在不同的场合要使用不同的节：

卩，瑞信也。守国者用玉卩，守都鄙者用角卩，使山邦者用虎卩，士邦者用人卩，泽邦者用龙卩，门关者用符卩，货贿用玺卩，道路用旌卩。象相合之形。凡卩之属皆从卩。（《说文解字》）

而同为信物的符一般分为两半，用时皇帝、将领双方各执一半，调兵时相合以验真假。两半相合称为"符合"，表示命令验证可信，反之则不可行令。现代汉语中的"符合"一词即来源于此。

　　战国至秦汉年间盛行的虎符作为帝王授予臣属兵权和调兵遣将的信物，多为铜制、伏虎形。虎符的左半边（以虎头朝前为标准）保存在将领手中，右半边则保存在君王手中，需调动军队时，使者必须持朝廷的这一半"君符"去到将领处，将领将自己的"将符"与"君符"合符之后，才会听令调动军队。"遣使者至郡合符，符合乃听受之。"（应劭）

　　战国时期诸侯之间的战争频繁，军队越来越集中，兵权掌握在谁的手中关乎王位的归属。在没有其他方式以证真伪的古代，兵符就是唯一的凭信，因此至关重要，哪怕到了南北朝时期，其重要程度也是一样的：

　　王猛之发长安也，请慕容令参其军事，以为乡导。将行，造慕容垂饮酒，从容谓垂曰："今当远别，何以赠我？使我睹物思人。"垂脱佩刀赠之，猛至洛阳，赂垂所亲金熙，使诈为垂使者，谓令曰："吾父子来此，以逃死也。今王猛疾人如雠，谗毁日深；秦王虽外相厚善，其心难知。丈夫逃死而卒不免，将为天下笑。吾闻东朝比来始更悔悟，主、后相尤。吾今还东，故遣告汝；吾已行矣，便可速发。"令疑之，踌躇终日，又不可审覆。乃将旧骑，诈为出猎，遂奔

乐安王臧于石门。（《资治通鉴》）

王猛心思缜密，使出史上鼎鼎大名的金刀计，他的第一步就是先骗到慕容家的金刀，然后才贿赂亲信为使者，带着金刀前去传令。若无金刀为凭，对方不会相信。这里的金刀，其实就相当于慕容家的虎符了。

其次，使用兵符是要有诏书配合的。

虎符仿制极难，但即便如此，它也只是一个信物，如果没有相应的诏书，它也不具备直接调兵的功能。

初，禁纲尚简，但以玺书发兵，未有虎符之信。诗上疏曰："臣闻兵者国之凶器，圣人所惧。旧制发兵，皆以虎符，其余征调，竹使而已。符第合会，取为大信，所以明著国命，敛持威重也。间者发兵，但用玺书，或以诏令，如有奸人诈伪，无由知觉。愚以为军旅尚兴，贼虏未殄，征兵郡国，宜有重慎，可立虎符，以绝奸端。"书奏，从之。（《后汉书·杜诗传》）

杜诗这封奏疏上于光武帝建武八年（公元32年）之后，从中可知东汉初期曾一度仅以诏书发兵而没有虎符。奏疏中说"旧制发兵，皆以虎符"，可见从前的秦与西汉，乃至春秋战国时期，发兵都是要虎符和诏书相配合的。

齐相召平闻之，乃发卒卫王宫。魏勃绐召平曰："王欲发兵，非

有汉虎符验也。而相君围王，固善。勃请为君将兵卫卫王。"召平信之，乃使魏勃将兵围王宫。（《史记·齐悼惠王世家》）

这一则史料也能从侧面说明，诏书、虎符两者缺一不可。齐王可以发布调兵诏令，但没有虎符作为凭信，他还是发不了兵。

不只春秋战国时期的诸侯，即使贵为皇帝，没有虎符也要被掣肘。

上曰："太尉不足与计。吾新即位，不欲出虎符发兵郡国。"乃遣助以节发兵会稽。会稽守欲距法，不为发。助乃斩一司马，谕意指，遂发兵浮海救东瓯。未至，闽越引兵罢。（《汉书·严助传》）

汉武帝刘彻继位后闽越攻打东瓯，东瓯不敌闽越，遂派遣使者向汉武帝求援。汉武帝询问大臣的意见，田蚡说南越人互相攻击是常有的事，没有必要出兵，但是武帝心腹却建议他出兵。汉武帝最终选择听从后者的建议，不过他说"不想用虎符发兵"却不是真心话，而是迫于现实。当时虎符握在太皇太后手中，汉武帝未必能拿到，所以他才想绕过太皇太后，派严助持节调兵。会稽太守看到严助虽然有节，也有汉武帝的诏令，却没有虎符，所以拒绝出兵，最后严助杀了一名司马官，并且宣告了汉武帝的旨意，这才得以调兵遣将。

调兵诏令的内容也不能写得随便，需要详细说明此次调兵的缘由、主将、时间、地点等相关事宜。如果皇帝诏令军队要去平叛，那么军队就只能去平叛，擅自更改地方和任务都是大罪。那个说出"明犯强汉者，虽远必诛"的名将陈汤，他远征西域时就是矫诏出兵，所以尽管取得了辉煌的战果，最终还是受到了弹劾，几乎丧命。

使用虎符的第三个要点，是虎符要一符一地一用。

全国有多支军队，都用同一个虎符来调度显然不现实，所以皇帝会派发不同的虎符交给不同地方的守将，甲地的符不能用来调乙地的兵，反之亦然。《史记·孝文本纪》中记载："九月，初与郡国守相为铜虎符、竹使符。"说的就是每个郡国都有相应的兵符。

既然虎符如此重要，那么它要放在哪里保管呢？

因为缺少这方面的史料，我们无法确切得知。但国君、皇帝的玉玺、车马等都有专门的人来管理，并设有对应的官职，兵符的重要性远远大于车马仪仗，仅次于玉玺，因此由专人保管的可能性极大。

虎符上有孔，但它应该是为前往驻地随身携带时穿绳系在腰间以防遗失的，平时不可能这样用，不然上朝时，皇帝或掌管虎符的官员就要在穿戴好朝服后又在腰间系上十几块乃至几十块虎符，一走路叮当作响，这样的情形实在是不可想象。

几十块虎符，分门别类，注明地方，然后藏于盒中，由专人负责保管守护，这大概是最有可能的一种方式。

03

了解了关于虎符的这些内容，再看信陵君窃符救赵的故事，我们又可以有不同的思考。

平原君使者冠盖相属于魏，让魏公子曰："胜所以自附为婚姻者，以公子之高义，为能急人之困。今邯郸旦暮降秦而魏救不至，安在公子能急人之困也！且公子纵轻胜，弃之降秦，独不怜公子姊邪？”公子患之，数请魏王，及宾客辩士说王万端。魏王畏秦。终不听公子。

公子自度终不能得之于王，计不独生而令赵亡，乃请宾客，约车骑百余乘，欲以客往赴秦军，与赵俱死。行过夷门，见侯生，具告所以欲死秦军状。辞决而行……复引车还，问侯生……侯生乃屏人间语曰："嬴闻晋鄙之兵符常在王卧内，而如姬最幸，出入王卧内，力能窃之。嬴闻如姬父为人所杀，如姬资之三年，自王以下，欲求报其父仇，莫能得。如姬为公子泣，公子使客斩其仇头，敬进如姬。如姬之欲为公子死，无所辞，顾未有路耳。公子诚一开口请如姬，如姬必许诺，则得虎符夺晋鄙军，北救赵而西却秦，此五霸之伐也。"公子从其计，请如姬。如姬果盗晋鄙兵符与公子。（《史记·魏公子列传》）

侯嬴说："嬴闻晋鄙之兵符常在王卧内。"但从身份上看，信陵君知道兵符在哪里的可能性远比江湖人侯嬴高得多。而且侯嬴在故事中的作用就是提供计策，之后便自杀以报信陵君了，很符合"工具人"的形象，以至于有人怀疑他是司马迁虚构出来的一个人物。

不过，不论侯嬴其人是真是假，信陵君都拜托如姬偷出了可以调派晋鄙军队的兵符。司马迁并没有写明如姬是用什么办法偷得兵符的。如果如前文中推理的，兵符应有专人保管，即使魏王确实将之藏到卧室内，也会有防盗措施，如姬怎可能轻易盗走？而且兵符不止一件，她是如何准确找出能与晋鄙兵符相合的那半枚的？对此，《东周列国志》给出了一个小说家的推想：

> 如姬曰："公子有命，虽使妾蹈汤火，亦何辞乎？"是夜，魏王饮酒酣卧，如姬即盗虎符授颜恩，转致信陵君之手。

将魏王灌醉是个好办法，但虎符藏在了哪里，她又是怎么找到的，这些细节还是没有。至于魏王发现虎符被盗之后为什么不迅速派人将其追回，盗走了兵符的如姬最后结果又是如何，这些问题也没有交代。

我们不妨换个角度思考。从宏观局势上看，魏王该不该出兵救赵呢？

魏国与赵国以漳河为界，魏国在南，赵国在北。作为邻邦，魏、赵两国彼此相依是不争的事实。若秦兵攻破邯郸，吞并河北平原，各国间维系的平衡局面将被彻底打破，强大的秦国可以从西、北两个方向同时夹击魏都大梁（此前，秦军只能沿黄河自西向东攻击魏国），那么魏国火亡也就是迟早的事了。魏国固然不愿意得罪秦国，但赵国于魏国却有唇亡齿寒的利害关系，关系存亡的危机大过一切，魏王会如何选择其实并不难确定。这么看来，晋鄙率兵十万北上，驻屯于魏、赵边境重镇邺城按兵不动，或许就是想等秦、赵都力竭后再出手，只可惜这个计划被心急的信陵君打破了，晋鄙也因此身死。

> 公子行，侯生曰："将在外，主令有所不受，以便国家。公子即合符，而晋鄙不授公子兵而复请之，事必危矣。臣客屠者朱亥可与

俱。此人力士，晋鄙听，大善；不听，可使击之。"于是公子泣。侯生曰："公子畏死邪？何泣也？"公子曰："晋鄙嚄唶宿将，往恐不听，必当杀之，是以泣耳，岂畏死哉！"（《史记·魏公子列传》）

只有兵符没有诏书，根本不足以取信老将晋鄙，所以他一定得死。除掉晋鄙，兵符对于其他"认符不认人"的下级将领和士兵依然有用，加之信陵君巨大的威望，他便可以顺利调兵了。

将这种种因素结合起来看，有人说，窃符救赵一事大概率是魏王与司马迁共同创作的一出剧本，这里面有名士、有红颜、有侠客、有说客、有暧昧、有士为知己者死、有明知不可为而为……具备顶级戏剧的一切要素。可是历史不能随意用阴谋论来解读，我们能确定的是：没有兵符肯定调动不了军队，信陵君一定是拿到了兵符。至于信陵君究竟是以怎样的方式拿到的，是利用如姬舍命一搏，还是在魏王默许下进行了如此绝妙演出，就无从确证了。

这是一个开放式结尾，让人回味无穷。

谢罪之礼：肉袒负荆的含义是什么？

　　廉颇闻之，肉袒负荆，因宾客至蔺相如门谢罪。曰：
"鄙贱之人，不知将军宽之至此也。"卒相与欢，为刎颈之
交。（《史记·廉颇蔺相如列传》）

01

　　"肉袒负荆"四个字背后，有着深厚的文化传统。

　　"袒"字在古时候有几种含义。在《说文解字》里，是解开衣缝
的意思：

　　袒，衣缝解也。

　　《诗经·大叔于田》中则说：

　　襢裼暴虎，献于公所。

这里面的"襢"其实本字是"袒"，而"襢裼"即"肉袒"的意思①。"肉袒"指脱衣见肉，而诗句的意思是主人公赤膊上阵，徒手搏虎，然后将猎物献给郑伯，送至他的公朝。

　　"袒"还有一个比较冷僻的义项，指去衣见裼。"裼衣"是古代加穿在裘衣上的一层衣服。"肉袒"是"袒"的更具体化，既然已经涉及肌肤皮肉了，自然不可能是"解开衣缝"或者"脱衣见裼"，只能是"脱衣见肉"：

　　肉袒者，袒而露肉也。（司马贞：《索隐》）

　　不过"脱衣见肉"也分为脱去上衣、左袒衣袖（露出左肩膊）、右袒衣袖（露出右肩膊）三种情况。

　　右肉袒者，刑宜施于右也。凡以礼事者，左袒。（郑玄）

　　依据经学大师郑玄的说法，左袒是哀礼，右袒才是认罪之礼。为什么会这样？唐代的贾公彦解释说："刑袒于右者，右是用事之便；又是阴，阴主刑。以不能用事，故刑袒于右也。"右手是人们用来办事的主要手臂，同时又表示阴，"右袒"便表示愿意被砍去右手，失去了右手也就失去了做事的重要臂膀，从而表示一种受罚的涵义。

　　由此可以知道，肉袒的廉颇应该不是右袒（露出右臂），就是裸

_____

　　① 《毛传》："襢裼，肉袒也。"

露整个上身。

在古代，礼法的重要性不言而喻，而包裹住躯体的衣服更是礼仪中的重要组成部分，不能随便脱下。

不有敬事，不敢袒裼。（《礼记·内则》）

那时，对什么场合穿什么衣服，是按照等级制度有严格的规定的。

非其人不得服其服，所以顺礼也。（《后汉书·舆服制》）

就是裸露也必须符合礼仪的规定。即使是暑天很热，也绝不可以感觉热了就脱一件，露出胳臂凉快一下，或是撩起下裳取凉。

冠毋免，劳毋袒，暑毋褰裳。（《礼记·曲礼上》）

肉体是个人隐私，不可轻易示人，他人当然也不能强行窥视。春秋时期，曹共公因为好奇重耳的骈肋是什么样子，偷窥其洗浴，结果重耳归国成为晋国国君后报复其无礼，曹共公险些亡国。

正是因为有了这条条禁忌，当众裸露身体的只能是身份卑微的人、从事繁重劳动的人或者是耍百戏以供人取乐的倡优。此外，剥脱衣服更成了对罪犯的一种处置方式，而某人主动剥脱衣服袒露身体时，也就带上了请罪的意味。

这么看来，当廉颇以肉袒的方式谢罪时，就有了三种意味：
第一，他愿意屈服为臣仆。

肉袒牵羊，示服为臣隶也。（《史记集解》）

第二，他希望得到蔺相如的哀怜同情。衣冠整齐是自尊的表现，
而免冠、徒跣、肉袒等行为则是自损自贬的表现，这是一种折辱自己
程度很深的行为。

肉袒，谓脱其衣袖而见肉。肉袒者，自挫辱之甚，冀见哀怜。
（颜师古）

第三，他在表达一种甘愿受罚的意思。

肉袒，露肢体，示欲受刑。（鲍彪）

02

既然"肉袒"已经如此严重了，为什么廉颇还要加上"负荆"呢？
其实最初的肉袒谢罪之举的确是没有什么附加"道具"的，历史
上最早肉袒谢罪的应该是商纣王的庶兄微子：

周武王伐纣克殷，微子乃持其祭器造于军门，肉袒面缚，左
牵羊，右把茅，膝行而前以告。于是武王乃释微子，复其位如故。

（《史记·宋微子世家》）

周武王攻克朝歌之后，微子肉袒、面缚、牵羊、把茅、膝行前来谢罪。都已经卑微到如此地步了，怎么还能够不原谅呢？于是武王赦其无罪，且封之于宋。几百年后，楚庄王伐郑，郑襄公不能挡，于是如微子故事，肉袒牵羊迎接楚军：

进复围之，三月克之。入自皇门，至于逵路，郑伯肉袒牵羊以逆。（《左传·宣公十二年》）

至此以后，肉袒、面缚、膝行等成为谢罪的标志性动作，为后世人普遍采用，甚至一直到宋灭南唐，后主李煜仍是肉袒出降：

乙未，城陷，将军呙彦、马诚信及弟承俊帅壮士数百，力战而死。勤政殿学士钟蒨朝服坐于家，乱兵至，举族就死不去。光政史、右内史侍郎陈乔请死，不许，自缢死。国主帅司空、知左右内史事殷崇义等肉袒降于军门。（《南唐书·卷三后主本纪》）

但任何礼仪形式都是在发展变化中的，肉袒这一谢罪的形式也不例外。在战国至西汉的一段时间内，除了没有其他辅助性动作的"单纯"肉袒谢罪，还出现了一种在"肉袒"的基础上辅以"伏斧质""负荆""自髡"等附加行为的谢罪形式。

在种种附加形式中，"自髡"的程度最轻——"髡"本身也是一种刑罚方式，指剃去头发。

延寿为吏，上礼义，好古教化……行县至高陵，民有昆弟相与讼田自言，延寿大伤之，曰："幸得备位，为郡表率，不能宣明教化，至令民有骨肉争讼，既伤风化，重使贤长吏、啬夫、三老、孝弟受其耻，咎在冯翊，当先退。"是日移病不听事，因入卧传舍，闭阁思过。一县莫知所为，令丞、啬夫、三老亦皆自系待罪。于是讼者宗族传相责让，此两昆弟深自悔，皆自髡肉袒谢，愿以田相移，终死不敢复争。（《汉书·韩延寿传》）

韩延寿崇尚礼仪治郡，当治下出现两兄弟为了争田地而彼此诉讼的事件后，他没有按审理案件的常规流程去处理，而是"道之以德，齐之以礼"，将责任揽到自己身上，闭阁思过，用这种方式唤起兄弟两人内心的礼义廉耻，让他们认识到自己为利而争的行为有多么错误。兄弟两人果然深深后悔，于是在"肉袒"的基础上又自行"髡"去了自己的头发。两种行为叠加，谢罪的程度自然就变得更深了。

比"自髡"程度更为严重的附加行为就是"负荆"，代表性事件自然首推廉颇的"负荆请罪"。荆就是荆棘的枝条，具体说应该是指用荆条做成的鞭子。

以荆条鞭背的制度，大约从西周开始，至战国秦汉还在沿用。有名的廉颇负荆谢罪故事，是战国时期鞭背的记载。（《西周法制史》）

背着荆条鞭即表示甘愿接受鞭背的惩罚，也就是说，在廉颇负荆请罪的时候，理论上蔺相如可以拿起荆鞭抽打廉颇。

　　比"负荆"更深一层的请罪形式，是"肉袒"的同时"伏斧质"。

　　君不如肉袒伏斧质请罪，则幸得脱矣。（《史记·廉颇蔺相如列传》）

　　还是缪贤舍人的蔺相如曾对缪贤如是说。

　　"斧质"就是斧钺和椹质，前者是施加于人腰部的刑具，后者是施加于人胸部的刑具，都是将人处以极刑时配合使用的。蔺相如劝缪贤"肉袒伏斧质请罪"，是因为缪贤犯了死罪。当时缪贤打算私下逃到燕国去，这是必死的叛国罪，幸好蔺相如阻止了他。之后，蔺相如还给他分析了不能逃亡到燕国的理由，使得缪贤心悦诚服，改为以"肉袒伏斧质"的最高认罪方式向赵王请罪，而赵王也赦免了他。

03

　　廉颇的"负荆请罪"之所以能够获得成功，一方面固然是肉袒负荆这种形式所带有的历史文化厚重感，另一方面也与他挽回了蔺相如的尊严有关。

　　那时候的人对于尊严看的有多重呢？蔺相如的门客之所以要离开他，就是因为觉得没"面子"：

　　今君与廉颇同列，廉君宣恶言而君畏匿之，恐惧殊甚，且庸人

尚羞之，况于将相乎！臣等不肖，请辞去。（《史记·廉颇蔺相如列传》）

而《史记·孟尝君列传》中的一件事也可以反映一二：

赵人闻孟尝君贤，出观之，皆笑曰："始以薛公为魁然也，今视之，乃眇小丈夫耳。"孟尝君闻之，怒。客与俱者下，斫击杀数百人，遂灭一县以去。

受到耻笑，杀了对方也在所不惜，可见颜面远大于性命。

在这种背景下，廉颇公开负荆请罪，这是何等卑微！他要为自己犯的错误付出代价，于是将自己的"面子"彻底碾成微尘，同时也就意味着把蔺相如之前因受到羞辱却隐忍不发而失去的尊严都还了回去。

由于有旁观者（"因宾客至蔺相如门"）的见证，通过他们的传播，廉颇负荆请罪这一行为便会从私人层面扩大到社会层面。正是因为这份毫无保留，蔺相如看到了廉颇内心的耻与愧，而与耻相连的，是自省和改过的勇气。《礼记·中庸》有云："知耻近乎勇。"《论语·子张》也说："君子之过也，如日月之食焉；过也人皆见之，更也人皆仰之。"古人虽然以犯错为耻，但会以谢罪为荣，他们把知过和道歉请罪看作是一种道德提升的表现。展现了自己知过的耻和改过的勇的廉颇实在是打了一场心兵之战，虽无刀光剑影，亦是惊心动魄。

谁尊谁卑？鸿门宴中的座次之谜

> 项王即日因留沛公与饮。项王、项伯东向坐。亚父南
> 向坐。亚父者，范增也。沛公北向坐，张良西向侍。（《史
> 记·项羽本纪》）

01

《史记·项羽本纪》之中，这是一处非常有意思的细节，背后涉及到中国复杂的座次礼仪文化，而这个座次不仅能够体现出项羽的性格特点，甚至还能显示出鸿门宴中众人的政治博弈。

关注到这个细节的名家学者众多，他们写了诸如《说鸿门宴的座次》《也谈〈鸿门宴〉的座次》《与余英时先生论〈鸿门宴〉座次尊卑》《再论鸿门宴的座次——今本〈说苑〉勘误一则》《从传统礼仪文化谈〈鸿门宴〉中的座次》《鸿门宴座次新解》《历史的真实和真实的历史——浅谈"鸿门宴座次"》等文章，但从各篇论文的名字就能看出，大家虽然各有考据，但观点并不一致，甚至互有矛盾。

要想精准地知道鸿门宴上的座次，准确翻译《史记》原文是需要解决的第一步。那么，文中所表述的"东向""南向"等，究竟是何意思？

受传统注释的影响，一般人认为"向"是"朝着""向着""对着"的意思，这样一来，当然"东向坐"就成了"背西面东而坐"，以此类推……据笔者考证，"东向""西向""南向""北向"的"向"，原是"乡"，后写作"向"的。《礼记·曲礼》早就明明白白地写作"东乡""西乡""南乡""北乡"。"乡"作何解释？郑氏未注。《辞海》合订本（中华书局出版）"乡"字下㆓义项注曰："所也，犹方也。"《辞海》合订本（中华书局出版）"方"字下㆒义项云："方，向也。"由此看出，"乡""所""方""向"在这里是同义的，可以互训，即"东向"就是"东方（边、面）"，"西向"就是"西方（边、面）"，"南向"就是"南方（边、面）"，"北向"就是"北方（边、面）"。（舒大勋《也谈鸿门宴的座次》）

"乡"即是"向"，并且都有方向之义，这个考证是完全准确的。但如果"东向"就是"东方"，"北向"就是"北方"的话，《史记》中很多其他的记叙就都没法理解了：

王见之。随何曰："汉王使臣敬进书大王御者，窃怪大王与楚何亲也？"九江王曰："寡人北乡而臣事之。"随何曰："大王与项王

俱列为诸侯，北乡而臣事之者，必以楚为强，可以托国也。（《史记·黥布列传》）

如淳《史记·会注》中记载："宾主位东西面，君臣位南北面。"可见皇帝的位置是坐北朝南的。如果按舒大勋的理解，九江王英布说自己"北乡"是居于北面的意思，那他就是在君主之位了，既然是君主，又怎么会"臣事之"（以臣子的身份侍奉他）呢？

另外，《称谓录·卷八》中也有关于位置的表述：

汉明帝尊桓荣以师礼。上幸太常府，令荣坐东面，设几。故师曰西席。

古人习惯以西为尊，因此宾客或老师都坐西边座位，他们也被尊称为"西席"或"西宾"，我们今天在口语里还常称客人为"西客"（并非"稀客"）就是由此而来。主人陪客，座位在东，所以又把主人称为"东家"。如果此处"东面"是东方的意思，那么这句话就变成了宾客坐在东方，矛盾之处实在无法解释。

再之后，便是曹雪芹的《红楼梦》：

每贾敬捧菜至，传于贾蓉，贾蓉便传于他妻子，又传于凤姐尤氏诸人，直传至供桌前，方传于王夫人。王夫人传于贾母，贾母方捧放在桌上。邢夫人在供桌之西，东向立，同贾母供放。

既然"东向"即东方的意思，那么邢夫人"东向立"就是站在东方的意思，可上一句又写她"在供桌之西"。邢夫人并不会分身法，一个人如何能做到同时立于西方和东方？

所以，"向"虽然的确如舒大勋所说，有"方""面"的意思，但"东向"却不能直译为"东方""东面"。这是一个倒装结构，"东"是方位名词，"向"是介词，两者构成了介宾结构的短语，"东"是"向"的宾语。文言文中，方位名词做宾语时往往会提前，于是就形成了宾语前置的倒装结构，正常的语序应该是"向东"，也就是"朝向东方"的意思。

余先生在《史记会注考证》《日知录》和杨树达、尚秉和、劳幹等学者的研究基础上，揭示出古代礼俗：宾主位东向（坐西向东）西向（坐东向西），宾居东向尊位；君臣位南向（坐北向南）北向（坐南向北），君南面称王，臣北面称臣。（李飞、费晓健：《再论鸿门宴的座次——今本〈说苑〉勘误一则》）

清华大学历史系的李飞在论文中很细心地给出了"东向"等词的注释。方位是一个相对的概念，当一个人面向东方的时候，他所处的方位一定是与东相对的西方。

据此可以知道，鸿门宴中的座次应该是这样的：

项王、项伯坐在西方，面向东；亚父范增坐在北面，朝着南方；沛公刘邦坐在南面，对着北方，刚好与范增相对；而张良坐在东面，对着西方，与项羽相对，属于陪侍。

鸿门宴时"项王、项伯东向坐",其位亦实在西。(安子毓《方位尊崇渊源考》)

02

鸿门宴众人的位置问题解决了,那么按这个位置排序,到底谁最尊贵,谁是次尊之位,刘邦又处于一个怎样的地位呢?

古人除了尊西,也有尊南的礼仪习俗,皇帝君临天下亦称南面(面对南方,坐北朝南)天下。比如孔子说弟子冉雍可使南面,就是在说他有从政的能力,甚至是有帝王之才。

尊南这一风俗历史悠久,在先秦文献中多有记载:

席南乡北乡,以西方为上;东乡西乡,以南方为上。(《礼记·曲礼上》)

是故圣人南面而立而天下大治。(《礼记·礼器》)

昔周公朝诸侯于明堂之位,天子负斧依南向而立。(《礼记·明堂位》)

凡人有此一德者,足以面南称孤矣。(《庄子·盗跖》)

这样说来,既然范增坐北朝南,他的座次应该是鸿门宴中最尊贵的了?

未必,因为战国秦汉之际也有尊东的风俗:

今王将东面,目指气使以求臣,则厮役之材至矣;南面听朝,不失揖让之礼以求臣，则人臣之材至矣；西面等礼相亢，下之以色，不乘势以求臣，则朋友之材至矣；北面拘指，逡巡而退以求臣，则师傅之材至矣。（《说苑》）

《说苑》是汉代的杂史小说集，其中的故事不能当史料，但故事体现出的社会环境却真实贴切。据引文中描写，君主越是纡尊降贵，能招来的人才等级就越高，所以由尊至卑的位置当分别为东面、南面、西面、北面。

战国秦汉之时尊东之风尤盛，顾炎武在《日知录》中旁征博引，总结甚细：

古人之座以东向为尊。故宗庙之祭，太祖之位东向。即交际之礼，亦宾东向而主人西向。《新序》："楚昭奚恤为东面之坛一。秦使者至，昭奚恤曰：'君客也，请就上位东面'"是也。《史记·赵奢传》言"括东向而朝军吏"，《田单传》言"引卒东乡坐，师事之"，《淮阴侯传》言"得广武君，东乡坐，西乡对，师事之"，《王陵传》言"项王东向坐陵母"，《周勃传》言"每召诸生说士，东乡坐，责之趣为我语"，《田蚡传》言"召客饮，坐其兄盖侯南乡，自坐东乡，以为汉相尊，不可以兄故私挠"，《南越传》言"王太后置酒，汉使者皆东乡"。《汉书·盖宽饶传》言"许伯请之，乃往，从西阶上，东乡特坐"，《楼护传》言"王邑父事护。时请召宾客，邑居樽下，称贱子上寿。坐者百数，皆离席伏。护独东向正坐，字谓邑曰：'公子贵如何'"，《后汉书·邓禹传》言"显宗即位，以禹先帝元功，拜为太傅，进见东向"，《桓荣传》言"乘舆尝幸太常府，令荣坐东面，天子亲自执业"。此皆东向之见于史者。

如此丰富的论据，尊东的结论当不必怀疑，可惜顾炎武没有说在东之后应该如何排序。

<h2 style="text-align:center">03</h2>

既然习俗中尊西、尊南、尊东都有，鸿门宴中的座次尊卑到底是如何排序的？不同学者提出了不同的看法：

秦汉座次，自天子南面不计外，东向最尊，南面次之，西面又次，北面最卑，其俗盖承自战国。（杨树达：《秦汉座次尊卑考》）

刘邦居北向席而不居西向席，乃因北向坐是最卑的臣位，而西向坐尚是"等礼相亢"的朋友地位也。张良虽据西向之位，但史文明说他是侍，身份次第一丝不紊如此，斯太史公之笔所以卓绝千古欤？（余英时：《说鸿门宴的座次》）

通过以上的稽考，笔者认为鸿门宴中"沛公北向坐"也就是北面坐，是最尊位，"张良西向侍"也就是西面侍，是次尊位，"亚父南向坐"也就是南面坐，是第三位，"项王、项伯东向坐"也就是东面坐，才是在场人中最低的席位。（舒大刚：《也谈鸿门宴的座次》）

可知《正义》本与《御览》本所载符合战国秦汉之礼俗，在鸿门宴上，正是项王地位最尊，亚父范增次之，沛公刘邦又次之，张良最卑。所以他们的座次按照东向、南向、北向、西向之次序分配。（李

飞、费晓健：《再论鸿门宴的座次——今本〈说苑〉勘误一则》）

到底谁说得对？

其实，造成这些混淆与矛盾的根本原因在于，上述学者都没有提到一个关键点：堂与室的区别。

古代贵族（天子、诸侯、公卿、大夫、士）居住的地方，其建筑物内部分为堂、室、房三部分，也就是通常所说的堂室结构。整栋房子建筑在一个高出地面的台基上，即堂基，所以堂前必有阶。堂基根据主人地位的尊卑有高低的不同，从而台阶也有多少之别，要入堂必须先登阶，即"升堂"。

由也升堂矣，未入于室也。（《论语·先进》）

堂通常是行吉凶大礼的地方，也是贵族们议事、交际的所在，不住人。人住在堂的后面，也就是室。堂在前，室在后，堂与室之间隔着一堵墙，墙外属堂上，墙里属室内，"登堂入室"由此而来。

平民百姓与贵族不同，他们的住家更简单，不是堂室结构，所以他们就在寝室接待宾客，祭祀也在寝室。所谓"庶人祭于寝"，即指此种情况。

在堂上举行活动时的尊卑座次与在室中举行活动时当然不一样。

君席阼阶之上，居主位也；君独升立席上，西面特立，莫敢适之义也。（《燕义》）

燕礼是古代天子诸侯与群臣的宴饮之礼，在路寝①举行，国君的席位设在阼阶之上，居于主位。仪式刚开始时，只有国君一人登堂，独自面朝西方而立，其余的人都站在堂下。等国君就位之后，卿、大夫、士、士旅食者等会在小臣的引导下进入寝门，当卿大夫等站定后，国君会转而面向南：

　　君立阼阶之东南，南乡，尔卿，大夫皆少进，定位也。（《燕义》）

　　"南乡"，即南向，也就是国君居北朝南。"尔"通"迩"，是靠近的意思，指国君向诸卿行礼，让他们到近前来，而大夫只是稍稍上前，士的队列则待在原地。如此，国君面朝南，卿、大夫、士等分立于东、南、西三面，围拥着国君。这一方位正是燕朝之位，含有定君臣之位的意思。

　　可见，堂上礼节活动的座次不是按照"古人之坐以东向为尊"的规则，而是以"南向"为最尊，其他人席位安排的原则是地位越尊离国君越近。

　　对此，凌廷堪在《礼经释例》中总结说：

　　室中以东向为尊，堂上以南向为尊。

---

① 指天子诸侯的正厅。"路"是大的意思，"寝"即堂，是正房。

这样的概括才是更为全面、准确的，语言学家王力在《中国古代文化常识》中也持相同看法：

古人席地而坐。堂上的座位以室的户牖之间朝南的方向为尊，所以古书上常说"南面"。室内的座位则以朝东的方向为尊。《史记·项羽本纪》说："项王、项伯东向坐。"

鸿门宴发生时，项羽是在军帐中宴请刘邦，绝不可能有什么厅堂，也就不会依据堂上礼节来安排座次。而项羽作为楚国贵族一定懂得礼制，所以应该是按照室内活动的排位原则来安排座次的。在室内，最尊的座位是西墙前的席铺，人坐在席上面向东，即所谓"东向坐"；其次是北墙前的席位，面向南而坐；再次是南墙前的席铺，面向北而坐；最卑的位置是东边面朝西的席位。

回看《史记》给出次序："项王、项伯东向坐。亚父南向坐。亚父者，范增也。沛公北向坐，张良西向侍。"是非常符合室内礼节活动的要求的。项羽、项伯最尊——项伯是项羽的叔父，项羽自然不能让长辈坐在低于自己的位置上；范增朝南，是仅次于项氏叔侄的位置；刘邦朝北而坐，又卑于范增；张良朝西，是在场人中最低的，所以用一"侍"字。

此处需要多说一点。以哪个方向为尊的礼仪形式并非一成不变，随着历史的发展，随着汉人由跪坐到垂脚高坐这一姿态的改变，人们尊崇的方向也在发生着变化。王安石在《虔州学记》中说：

> 若夫道隆而德骏者，又不止此。虽天子，北面而问焉，而与之迭为宾主。

可见到了宋代，即使是在室内，也以南向为尊，而北向为卑。正如李飞、费晓健在《再论鸿门宴的座次——今本〈说苑〉勘误一则》中得出的结论：

> 在宴席有东南西北四个方位的场合中，大致以宋断限，宋以前，座次以东向最尊，南向次尊，北向第三，西向最卑；宋以后，座次以南向最尊，东向次尊，西向第三，北向最卑。

04

确定了位次的尊卑，另一个问题又出现了：既然是项羽宴请刘邦，项羽为主，刘邦为客，按理应该将刘邦安排在尊位上，也即刘邦东向坐，但项羽却没有按宾主礼节，而是将自己安排在了尊位上，这是为什么？

自古，人们多以此评价项羽自负骄人，说他在这里已经埋下了失败的种子。我不以为然。

首先，鸿门宴并不是一次普通的宴请，刘邦到来更多是为了谢罪，而不仅仅是赴宴，因此虽为客，却要低项羽一头。何况钜鹿一战击败秦军主力后，项羽已经成为事实上的盟主，此时的他不仅是楚军统帅，还是抗秦联军的统帅，将刘邦视为属下，将他安排在卑位，是合情合理的。换句话说，刘邦在项羽面前从一开始就不是能主客相称的平等关系。

再者，鸿门宴中的座次尊卑安排不仅仅要遵循礼制，更要符合实际情况。项羽在鸿门的这座军营是临时驻扎的营寨，受地形、施工、时间等因素的制约，并不能如正常的宫室那样准确地按南北向或东西向营造。其具体形状虽已不可考，不过可以确定的是，营帐的门应该开在东边：

交戟之卫士欲止不内，樊哙侧其盾以撞，卫士仆地，哙遂入，披帷西向立，瞋目视项王，头发上指，目眦尽裂。（《史记·项羽本纪》）

"披帷"就是推开帷幕，也即推开帐门。樊哙闯进帐内，之后刚好是"西向立"（站于东而面向西），可见门的位置是在东。而依照门的位置来看，宴会的座次安排还别有深意。

鸿门宴的本质是一场步步杀机的政治博弈，是能决定刘邦生死的"高端局"，这一点双方在宴会开始之前就都知道了，所以刘邦虽然来赴宴，但绝不是单刀赴会：

沛公旦日从百余骑来见项王，至鸿门。（《史记·项羽本纪》）

刘邦带了一百多人来，这一百人必然是他的心腹精锐，战斗力很强。一旦宴会中有什么变故，在项羽的大军包围中突围出去一点也不现实，所以他们最有可能选择先下手为强，在得到刘邦命令后直接擒住项羽等人。

项羽一方不会想不到这一点，在这样的情势下，作为军事天才的项羽必然要选择一个能够在第一时间观察到全局的位置，以便迅速做出预警和反应。军帐的门开在东边，项羽要坐在哪里才能迅速反应呢？自然是东向坐（坐西向东）。这样一来，谁从门口进来，有什么举动，是否带了武器，所有一切他都可以第一时间看到并应对。而《史记》中记载的他对于樊哙闯帐的反应就可以很好地印证这一点：

（樊哙）瞋目视项王，头发上指，目眦尽裂。（《史记·项羽本纪》）

樊哙一进门便怒发冲冠，而他不知道宴会中的座次，必然要先左右扫视一下以寻找项羽。叫东向坐的项羽一眼就能看见樊哙，于是他立刻做出反应：

项王按剑而跽曰："客何为者？"（《史记·项羽本纪》）

"跽"是臀部离开脚后跟然后把腰伸直的一种姿态，是一种警戒姿态。在看到樊哙的第一时间项羽就已半起身，并且手按在剑上随时准备冲杀，可见他座位的观察优势。

如果按待客之礼让刘邦东向坐，那他就可以和冲进来的人在第一时间交换信息，更为致命的是，项羽作为主人应该是坐在刘邦对面，也就是背对帐门西向坐，即此刻张良的位置。在敌人冲进来时背对敌人，还有反击的时间吗？很可能会被杀掉或擒住。

项羽政治眼光或许的确差点，但军事才能无人能及，怎么会不考虑这些？东向坐既能掌控全场，又能试探刘邦的反应，还能暗示自己的地位，显示自己才是唯一的统帅，其他人都是臣属，不能与自己相抗衡。一举数得，何乐不为？

然而人生起落，世事浮沉，实难预料。一场鸿门宴，座位最尊的项羽最后兵败乌江，自刎身死，而与之同坐的项伯被刘邦封为射阳侯。座位次尊的范增被项羽怀疑，在去彭城的路上病死。尊位再次的刘邦赢得了天下，而地位最卑、西向陪侍的张良成了留侯。

第五章　异闻篇

扁鹊真的有透视人体的特异功能吗？

乃出其怀中药予扁鹊："饮是以上池之水三十日，当知物矣。"乃悉取其禁方书尽与扁鹊。忽然不见，殆非人也。扁鹊以其言饮药三十日，视见垣一方人。以此视病，尽见五藏症结，特以诊脉为名耳。为医或在齐，或在赵。在赵者名扁鹊。（《史记·扁鹊仓公列传》）

01

读《史记·扁鹊仓公列传》的开篇，会有一种看玄幻小说的错觉。

扁鹊本名叫秦越人，年轻时做客栈的主管，并没有什么学医的背景。一大，有个姓长桑的客人来到客栈，别人都觉得他平平无奇，只有扁鹊认为他是一个奇人，于是一直很恭敬地待他。这一天，长桑君叫来扁鹊，说："我有秘藏的医方，我老了，所以想传给你，你不要泄露出去。"见扁鹊答应了，他又从怀中拿出一种药，说："用上池之水（露水）送服这种药，三十天后你就能真正知晓许多事了。"然后才拿出他的全部秘方交给扁鹊，接着人就消失不见了。扁鹊按长桑君的话服药三十天，眼睛就可以透视，能看见墙另一边的人了，凭借这个能力诊视疾病，他能看到五脏症结所在：

扁鹊以其言饮药三十日，视见垣一方人。以此视病，尽见五藏症结，特以诊脉为名耳。为医或在齐，或在赵。在赵者名扁鹊。（《史记·扁鹊仓公列传》）

整个故事起承转合，和如今的许多玄幻小说走向几乎一致：一个懦弱废柴少年，在机缘巧合之下被一位神秘人赠送上古秘籍，然后就脱胎换骨，走上了逆天改命的主角之路。而对于神秘的长桑君，司马迁只是波澜不惊又颇有小说味道地写下一句话："殆非人也。"大概他不是凡人吧。

从写故事的角度讲，司马迁或可以被尊为玄幻类型小说的祖师爷。

介绍完身世，《扁鹊仓公列传》中又记录了身负"特异功能"后扁鹊诊治的三个病例，分别是赵简子、虢太子和齐桓侯。虽然这三件事里不再有什么展现神异的细节描述，但因为一切都建立在扁鹊能够透视人体的特异功能基础上，所以也就显然十分离奇，与科学相悖。

除了不合常理的神秘色彩，后世研究《扁鹊仓公列传》的人还认为，司马迁写作的这篇传记矛盾之处太多，因此提出很多质疑：

再说，《史记》在记叙完扁鹊诊赵简子之后，接着写"其后扁鹊过虢"，说明扁鹊医虢太子的时间是在诊赵简子之后，当在公元前500年之后，此时距鲁庄公二十四年晚了一百七十年，距南虢灭亡晚了一百五十多年。也就是说，扁鹊诊赵简子之后，根本就没有虢国存在。（李忠勤：《关于神医扁鹊（秦越人）的寓言传说与历史真实之探析》，《商丘师范学院学报》2019年8月）

历史上的齐桓侯是一位有作为的人，他创立了我国历史上最早的一所国立高等学院——稷下学宫，是我国文化史上的创举。它兴盛百余年，至齐亡才终结。齐桓侯如果真的是因为拒绝扁鹊及时的早期治疗而迅速死亡，那么这一发生在眼前且又是发生在一国之君身上的戏剧性事件，稷下学者对它的议论必定是很多的。特别是他病重时"使人索扁鹊"的大规模搜索行动，必造成轩然大波，不但稷下学者，就是一般的老百姓也会街谈巷议，市人皆知，成为轰动一时的"特大新闻"了。可以肯定，如果真有那么一回事，也必定会在相当长的一段时间内口碑相传而不会泯灭无闻。（李耕拓：《扁鹊见蔡桓公——被误作史实的寓言》，《中学语文教学》2001年8月）

研究者们认为，扁鹊在历史上应该真有其人，姓秦名越人，出身齐国，大约活动于春秋末战国初，并且是一个名声很大的江湖游医，不然《韩非子》《鹖冠子》等先秦著作不会都以他为例证，司马迁也不会专门在《史记》中为之立传。不过——

可惜，《史记》所记扁鹊的学医经历及其三个医案，基本上都是寓言故事，皆经不住考证、推敲。司马迁将关于扁鹊的寓言、传说当作真实的历史，使《扁鹊传》成为《史记》中极不可信、非常失败的一篇传记。［李忠勤：《关于神医扁鹊（秦越人）的寓言传说与历史真实之探析》］

虽然汉代查起史料来不像现在这么方便快捷，但对于史官来讲，要想考证出赵简子、虢太子、齐桓侯三人在时间线上存在问题应该不难，司马迁当然也知道自己在写的是史书而非神话故事，那他为何还要坚持这样写？

02

一部《史记》，鲁迅先生评价它是"史家之绝唱，无韵之离骚"，前半句说的是其史学价值极高，而后半句则是说它在文学上也堪称独步。可见，《史记》中必然有文学手法的运用：

司马迁通过叙述奇闻异事寄寓论断。司马迁在人物传记中叙写了一些具有奇幻色彩的人物事迹，袁枚对此评论道："史迁叙事，有明知其不确，而贪其所闻新异，以助己之文章，则通篇以幻忽之语序之，使人得其意于言外，读史者不可不知也。"司马迁对超脱自然规律的奇幻现象的记载蕴含着他对是非善恶的论断，寄寓着劝谏世人的深意。（张丽萍：《论〈史记〉中的春秋笔法》，长春理工大学硕士

论文，2001年）

袁枚评价得非常好，他说司马迁在叙事时会故意写一些明明知道不确定真假的事情，这并不是仅贪图这些事件新鲜奇异，而是要使人"得其意于言外"。也就是说，这些事是有寄托、有寓意的。

若从这个角度看，扁鹊能够透视人体，也许可以理解为中医思想的某种体现。

> 有诸内者，必形诸外。（《丹溪心法》）
>
> 视其外应，以知其内脏，则知所病矣。（《黄帝内经》）

疾病都是由内引起并表现在外的，扁鹊了解人体内部经络、血脉、五脏六腑等各个器官组织的运作情况，在此基础上真正找到病因，做出正确的诊治，不恰好和"透视"是异曲同工吗？

《史记》想要讲的还不仅如此：

> 互见法是司马迁在《史记》中首创的一种述史方法和表现方法，更是《史记》"春秋笔法"的独特表现。司马迁在书中以互见法将某些历史事件、某些人物生平事迹的来龙去脉分散记载于多篇传记中，通过史料内容上的参差互见、遥相呼应，实录历史的同时又寄托着个人对社会历史的深思以及对历史人物的褒贬抑扬。（张丽萍：《论〈史记〉中的春秋笔法》）

这一点在扁鹊为赵简子诊病的故事中得以彰显，而且体现得很巧妙。

赵简子疾，五日不知人，大夫皆惧。医扁鹊视之，出，董安于问。扁鹊曰："血脉治也，而何怪！在昔秦缪公尝如此，七日而寤。寤之日，告公孙支与子舆曰：'我之帝所甚乐。吾所以久者，适有学也。'帝告我：'晋国将大乱，五世不安；其后将霸，未老而死；霸者之子且令而国男女无别。'公孙支书而藏之，秦谶于是出矣。献公之乱，文公之霸，而襄公败秦师于殽而归纵淫，此子之所闻。今主君之疾与之同，不出三日疾必间，间必有言也。"

居二日半，简子寤。语大夫曰："我之帝所甚乐，与百神游于钧天，广乐九奏万舞，不类三代之乐，其声动人心。有一熊欲来援我，帝命我射之，中熊，熊死。又有一罴来，我又射之，中罴，罴死。帝甚喜，赐我二笥，皆有副。吾见儿在帝侧，帝属我一翟犬，曰：'及而子之壮也，以赐之。'帝告我：'晋国且世衰，七世而亡，嬴姓将大败周人于范魁之西，而亦不能有也。今余思虞舜之勋，适余将以其胄女孟姚配而七世之孙。'"董安于受言而书藏之。以扁鹊言告简子，简子赐扁鹊田四万亩。（《史记·赵世家》）

晋昭公时，大夫赵简子专权。某日赵简子忽然病了，人们惊慌下找来扁鹊为他诊病。扁鹊诊断后说当年秦穆公也是如此，昏睡七天才醒，醒后说他是到天帝那里做客去了，天帝还告诉了他一些秦国即将要发生的大事。以此来看，赵简子不出三天就会醒来，醒后他会有话说。

在这里，扁鹊的言语中只有一句"血脉治也"是医学术语，其他的话全是对前事的描述，更近乎一个谋士为国君分析策略时的引经据典，而非一个医生在诊断病情。醒来后的赵简子也真如扁鹊所言，开始详细陈述自己的梦。

按照现代科学的研究看，人们醒后对梦的回忆不会如此清晰。如果梦能够被陈述得如此有条理，连梦中人物的话都能讲得一清二楚，那么这个梦多半是杜撰的。再结合之后国家事态的发展皆如赵简子梦中那样，这个"梦"的本质也就昭然若揭了：

赵简子为了逐步实现赵氏由家入国的目的，根据自身实力从时间和空间两个方面制定战略。从时间上讲，赵简子制定三步走的战略，第一步是消灭范氏、中行氏二卿，这时赵简子欲采取稳妥的方法，逐次消灭二卿，因此在梦中熊与罴是先后被射杀的；第二步是消灭代国和知氏，实际上建立赵氏之国；第三步是在晋国衰败到一定程度时由赵氏取而代之，完成名义上的建国。这样通过层层递进的三个步骤，彻底完成赵氏立国的目的。（赵国华、刘新然：《论赵简子之谶》，《邯郸学院学报》2011年21卷第2期）

哪里有什么梦？哪有什么天帝预言？赵简子不过是想借天命为自己造势铺垫而已。他装病的七天，大概也是为了完美对应秦穆公之谶的七天。

这个局，扁鹊知道吗？

扁鹊以其言饮药三十日，视见垣一方人。以此视病，尽见五藏症结，特以诊脉为名耳。（《史记·扁鹊仓公列传》）

献公之乱，文公之霸，而襄公败秦师于殽而归纵淫，此子之所闻。今主君之疾与之同，不出三日疾必间，间必有言也。（《史记·赵世家》）

两相互现之下，那句"特以诊脉为名耳"就别有深意了——只不过是用看病做幌子罢了！

扁鹊能够透过现象看本质，他当然知道赵简子的意思，并且参与其中，而且作用很大：一是安抚诸大夫不要内乱，二是将秦穆公的预言和赵简子的预言联系起来，使其更有说服力且更自然合理。所以在故事结局，司马迁特别记了一笔："以扁鹊言告简子，简子赐扁鹊田四万亩。"若只是看个病，这个出诊费可是贵得离谱了。

《史记》中还有一种笔法，就是以人物言语立论。司马迁非常善于把人物的语言细节纳入特定的情境中来写，让历史人物为自己代言，赞他所赞，否他所否，虽不明写褒贬而褒贬自在其中。

在《扁鹊仓公列传》的末尾，出现了著名的"六不治"理论：

使圣人预知微，能使良医得蚤从事，则疾可已，身可活也。人之所病，病疾多；而医之所病，病道少。故病有六不治：骄恣不论于理，一不治也；轻身重财，二不治也；衣食不能适，三不治也；阴阳并，藏气不定，四不治也；形羸不能服药，五不治也；信巫不信医，六不治也。有此一者，则重难治也。

这固然是在说扁鹊，但若说这也代表着司马迁本人的观点又何尝不可呢？"圣人""良医"均非谦称，也不是扁鹊自指，但要把它看作是司马迁站在史家角度的称呼，以"圣人"指齐桓侯，以"良医"指扁鹊，则合情合理。

这"六不治"中的最后一条，被后世学者视为中医发展史上的石破天惊之论：

马迁乃以'巫'与'医'分背如水火冰炭，断言'信巫'为不治之由，识卓空前矣。（钱锺书：《管锥编》）

因为早期医与巫的联系非常密切，但巫术毕竟不是医术，不能真正治病救人，所以"信巫不信医，不治也"这一思想观念的产生就如同一个分界，标志着古代医卜分家，中医开始逐渐走向理性化。

拘于鬼神者，不可与言至德；恶于针石者，不可与言至巧。病不许治者，病必不治，治之无功矣。（《五藏别论》）

拘泥于鬼神之论，就不会相信医理；不信医理，就厌恶针石，有病宁可求助于巫术占卜也不愿就医诊断。这样人，如何为其治病？治了也不会起作用。

综上看来，在《史记·扁鹊仓公列传》这一篇文章中，那些看似特异的描述其实是司马迁写史笔法的生动体现，那些看似矛盾、不可思议的病例其实承载着丰富寓意，而司马迁最后的一段议论，更是具有远见卓识。

秦始皇为什么要铸十二金人?

收天下兵,聚之咸阳,销以为钟鐻,金①人十二,重各千石,置廷宫中。(《史记·秦始皇本纪》)

01

为防止民间作乱,秦始皇嬴政将天下间的兵器都收了上来,然后将这些兵器铸造为悬钟的立柱和十二个金人。

为何是十二个金人呢? 秦国人的图腾是玄鸟,可未曾有过金人崇拜的记载。比较受认可的一个说法,是把秦始皇铸造十二金人和一件奇异的事联系起来:

史记秦始皇帝二十六年,有大人长五丈,足履六尺,皆夷狄服,凡十二人,见于临洮。天戒若曰,勿大为夷狄之行,将授其祸。是

---

① 金非黄金,指铜。

岁，始皇初并六国，反喜以为瑞，销天下兵器，作金人十二以象之。（《汉书·五行志》）

至东汉时，十二金人乃因巨人出现而铸的说法差不多已成定论。比如针对《淮南子》中"秦之时，高为台榭，大为苑囿，远为驰道，铸金人"的记录，高诱便在注中解释道：

秦皇帝二十六年，初兼天下，有长人见于临洮，其高五丈，足迹六尺，放写其形，铸金人以象之，翁仲君何是也。

晋人张莹撰写的《汉南记》也有一样的说法：

安帝见金人，以问侍中张陵，对曰："昔秦始皇时，有大人十二，身长五丈，履六尺，皆夷狄之服，见于临洮，此天将亡秦之证，而始皇误喜以为瑞，乃铸金人以为像。"上曰："何以知之？"对曰："臣见传载，亦其人胸上有铭。"

这十二个巨人究竟有多大呢？他们身长五丈，穿着六尺的鞋子，出现在临洮（现甘肃省的一个县城，也是长城的修建起点）。依据秦的度量，一尺相当于现在的二十三厘米左右，十尺为一丈，那么足履六尺就是一米三左右，而身长五丈差不多就是十一米多。据说这是上天对秦始皇的警告，让他不要再恣意妄为，否则必遭祸乱报应，但在巨人出现的第二年，秦国非但没有发生灾难，反而扫平了六国，统一了天下，于是秦始皇反倒认为他们是天兆祥瑞。

十二个十多米高的巨人一同出现在临洮，这景象何其壮观！他们究竟是谁呢？

其实，关于秦始皇时期的巨人还有其他一些记录：

始皇好神仙之事，有宛渠之民，乘螺舟而至，舟形似螺，沉行海底而水不浸入，一名沦波舟。其国人长十丈，编鸟兽之毛以蔽形，始皇与之语及天地初开之时，了如亲睹。（《拾遗记》）

这些人长得更加高大，身高足有十丈，他们乘坐的沦波舟比科幻小说中的"鹦鹉螺号"更先进。

再加上还有秦始皇派人去寻海外仙山的故事：

既已，齐人徐市等上书，言海中有三神山，名曰蓬莱、方丈、瀛洲，仙人居之。请得斋戒，与童男女求之。于是遣徐市发童男女数千人，入海求仙人。（《史记·秦始皇本纪》）

难道这些巨人是从海外来的神仙吗？

其实不然。《拾遗记》是东晋时期的一本神话志怪小说集，书中文字绮丽、故事曲折，但大都荒诞不经，充满幻想。虽然后人多把书中的故事当成故实，但在严谨的历史研究中，是不可以拿它当史料用的。

至于这十二个巨人，有研究者提出，他们也许是海市蜃楼投射的影像。既然是因为光的折射和全反射出现的幻景，就意味着应该还有现实中的实景。

氐羌亦称西戎，为夷狄之一部，临洮正是氐羌故地。四十几年前，秦昭王刚刚将这里并入秦国，因此在秦始皇时，这里的氐羌人应该还有不少。十二个巨人极可能就是当地的十二个氐人或羌人，他们的形象因为光线的影响，形成了比真人扩大数倍的幻景。即便造成幻象的不是真实的人，也可能是山中的氐羌神像，或是酷似氐羌人的奇石怪木。

总之，十二"大人"是岷山山区临洮县天空中确确实实出现过的奇异景观，因其是人，且穿着夷狄人的服装，人们将之神化，其成因尚需继续探察。（辛玉璞：《〈汉书·五行志〉所记十二"大人"为何物？》，《西北史地》1998年第1期）

这个说法似乎有一定的道理，但如果对比一下其他资料中有关海市蜃楼的记载，又会发现一些不妥：

海旁蜃气像楼台，广野气成宫阙然，云气各像其山川人民所聚积。（《史记·天官书》）

登州海中，时有云气，如宫室、台观、城堞、人物、车马、冠盖，历历可见，谓之海市。或曰："蛟蜃之气所为"，疑不然也。欧阳文忠曾出使河朔，过高唐县，驿舍中夜有鬼神自空中过，车马人畜之声一一可辨，其说甚详，此不具纪。问本处父老，云：二十年前尝

昼过县，亦历历见人物。土人亦谓之海市，与登州所见大略相类也。（沈括：《梦溪笔谈》）

睢阳袁可立为抚军，时饮楼上。忽艨艟数十扬帆来，各立介士，甲光耀目，朱旗蔽天，相顾错愕。急罢酒料理城守，而船将抵岸，忽然不见，乃知是海市。（方以智：《物理小识》）

以上诸描写中都有"海""云气"等词，说明海市蜃楼的出现需要这些条件。现代物理认为，蜃景是光线经过不同密度的空气层时发生显著折射或全反射而产生的，它的形成需要不同密度的空气介质层，所以一般多出现于海上或沙漠中。临洮地处岷山山区，只有一条洮河从旁边流过，这里既无大海又无沙漠，要如何出现蜃景呢？

02

既不是神仙，也不是海市蜃楼，排除了这两点之后，还剩下一种解释：所谓的十二巨人，是人为制造出来的。

我们将与此事有关的史料按时间顺序大致排列一下：

收天下之兵，聚之咸阳，销锋镝，铸以为金人十二。（贾谊：《过秦论》）

秦之时，高为台榭，大为苑囿，远为驰道，铸金人。（《淮南子》）

收天下兵，聚之咸阳，销以为钟鐻，金人十二，重各千石，置廷宫中。（《史记·秦始皇本纪》）

逮秦皇帝即位，慧星四见，蝗虫蔽天，冬雷夏冻，石陨东郡，大人出临洮，妖孽并见。（《说苑》）

这四种是西汉年间的记录，都只是单独提到"金人"或"大人"，并没有将二者联系起来，让出现巨人与铸造十二金人形成因果关系。尤其是《说苑》，书中将巨人与陨石、蝗虫、彗星等异象并列，更像是一种用来警示当权者的符号，未必写实。

情况到了东汉年间就不同了，除了前文提到的《汉书·五行志》和《汉南记》中的记载，相关记载还有：

时人以为秦始皇见长人于临洮，乃铸铜人。卓，临洮人也，而今毁之。虽成毁不同，凶暴相类焉。（《后汉书·董卓列传》）

收天下兵，聚之咸阳，销以为钟鐻，高三丈。钟小者皆千石也。销锋镝以为金人十二，以弱天下之人，立于宫门。（《三辅旧事》云：铸金狄人，立阿房殿前。）坐高三丈，铭其后曰："皇帝二十六年，初兼天下，改诸侯为郡县，一法律，同度量，大人来见临洮，其大五丈，足迹六尺。"铭李斯篆，蒙恬书。（《三辅黄图》）

临洮巨人与始皇帝的十二金人有了因果。

为何会出现这种情况？也许和西汉时人并不完全相信临洮巨人这一奇异现象有关。

秦始皇统一全国后，临洮地方官上报：在临洮出现了十二个身高五丈，足长六尺的"人"。据《说苑》《淮南子》《三辅旧事》《永乐大典》等书的记载，这些"大人"很可能是临洮地方官编造出来的（事实上，在封建时代，所有"符瑞"都是编造出来的东西），但秦始皇对此深信不疑，认为这是千载难逢的"符瑞"，是天下统一的象征，应该予以宣传、纪念。（王双怀：《"十二金人"考》，《陕西师范大学学报》1996年）

我们且以龙的记载为例，来说明这种人为制造祥瑞、以讹传讹的现象。

永康元年秋八月，巴郡言黄龙见。（《后汉书》）

早年正史的记载中出现了龙，后世写史的人继续转录这一条记载：

汉恒帝永康元年八月，黄龙见巴郡。（《宋书·符瑞志中》）

我们需要注意转录中的一个细节变化："巴郡言"变成了"见巴郡"，一个原本还待斟酌的事件就此成了事实。而这件事的原始面貌是怎样的呢？

时民以天热，欲就池浴，见池水浊，因戏相恐："此中有黄龙。"语遂行人间。闻郡，欲以为美，故上言之。（《续汉书·五行志》）

当地的百姓因为天热下池子去洗澡，看见水浑就开了句玩笑，说这里面有黄龙，结果传了开来。郡守听到后明知不是事实，但想要以此邀功，还是向上面做了汇报。修史的人把这件事简单地写进了史书中，后来一再改写，直至最终版。如果仅看《宋书·符瑞志》，人们就只能认为黄龙是真的出现过了。

临洮巨人一事，应该也经历了类似的传播过程。

　　故窃以为《五行志》所言并非由汉代之人所创，而是在始皇之时，确有临洮出现十二长狄之传闻，传入始皇耳中，认为这是古时佚宅中国的长狄来降之"祥兆"，且秦尚六，十二为六之倍数，更坚定始皇的心意，故决定将这十二长狄铸成铜像以资纪念。而虽然无人真的见到这些长狄，但既然传闻这些长人是身著夷狄之服，故可以想象的是十二金人所著的服饰必和秦人有明显的不同之处，也因此汉人亦会称金人为"金狄"。（王裕民：《秦十二金人考》）

大概，传闻才应该是最后的谜底。

刘邦的"天子之气"究竟是什么？

> 范增说项羽曰："沛公居山东时，贪于财货，好美姬。今入关，财物无所取，妇女无所幸，此其志不在小。吾令人望其气，皆为龙虎，成五采，此天子气也。急击勿失。"（《史记·项羽本纪》）

01

《史记》中载，范增劝说项羽除掉刘邦时给出的理由之一是他看到刘邦身负天子之气。作为项羽的第一智囊，给出这种玄之又玄的理由，似乎是很失水准的：

范增赞同项羽决定的理由是两点：一是"沛公居山东时，贪于财货好美姬，今入关，财物无所取，妇女无所幸，此其志不在小"。二是"吾令人望其气，皆成五彩，此天子气也"。

看看这两条，真让人啼笑皆非……如此年纪，如此阅历，至少不应该再幼稚了吧，其实非也。范增力主军事消灭刘邦的理由是如此两点：一是刘邦入关之后志向远大，二是刘邦有天子之气。这两点看法实在没有谈到点子上，最关键的一点是刘、项二人关系的历史拐点范增也未看到，所以，他无法用这一点启发项羽。项羽因此在入关后长达半年的时间内不知道刘邦是他最大的政治对手，误了项羽的大事。

（王立群：《王立群读〈史记〉之项羽》重庆出版社2007年版）

但所谓的"天子之气"，还真就未必是范增随口一说。

望气，是秦汉政治文化中一项重要的内容，不仅范增会请人进行私人的、民间的望气，帝王也会偶尔举行官方的望气仪式，以示重视：

天子有灵台者，所以观祲象，察气之妖祥也。（《毛诗正义》）

"观祲象"中的"祲"，是古人认为的十种气象①之一，具体而言就是《晋书·天文志》中所说："一曰祲，谓阴阳五色之气，浸淫相侵。或曰，抱珥背璚之属，如虹而短是也。"而"观祲"也就是望气，主要是通过观察异常的天文气象预测吉凶祸福，以便君主提早采取措施禳除灾异，使百姓平安。

---

① 即十煇，指祲、象、鑴、监、暗、瞢、弥、序、济、想。

春秋时期，官方的望气仪式是十分隆重且复杂的：

僖公五年，春，王正月辛亥朔，日南至。公既视朔，遂登观台以望而书，礼也。凡分、至、启、闭，必书云物，为备故也。（《左传·僖公五年》）

经学大家孔颖达解释这段文字时说：

辛亥朔者，月一日也，日南至者，冬至日也。天子班朔于诸侯，诸侯受而藏之于大祖庙。每月之朔，告庙受而行之。诸侯有观台，所以望气祥也。公既亲自行此视朔之礼，遂以其日往登观台之上，以瞻望云及物之色，而书其所见之物，是礼也。凡春秋分、冬夏至，立春立夏为启，立秋立冬为闭，用此八节之日，必登观台书其所见云物气色，若有云物变异，则是岁之妖祥既见，其事后必有验书之者，为豫备故也。视朔者，月朔之礼也。登台者，至日之礼也。公常以一日视朔、至日登台，但此朔即是至日，故视朔而遂登台也。（《春秋左传正义》卷十二）

从中可以知道，帝王、诸侯望气是有专门场所的，比如《毛诗正义》中说的灵台，它们往往规模宏伟，可以视作古代的天文台。望气也有专门的时间，帝王、诸侯通常在八节之日登台望气。所谓"八节"，即春分、秋分、冬至、夏至、立春、立夏、立秋、立冬，这是八个重要的农业节气关键点。在仪式之后，史官会将望气所见的云雾气象记录下来，以备日后验证。

汉代也有关于皇帝望气的记载，但仪式已经简化了很多：

> 五年春正月乙亥，宗祀五帝于明堂，遂登灵台，望云物。（《后汉书·孝和孝殇帝纪》）

天子亲自登台望气是为了彰显对望气的重视，但天子毕竟不能常常如此，于是设置了专门的机构和人员进行望气。

先秦时期，通过分析五色云物来预测水旱灾变的是保章氏：

> 保章氏掌天星，以志星辰日月之变动，以观天下之迁，辨其吉凶。以星土辨九州之地，所封封域，皆有分星，以观妖祥。以十有二岁之相，观天下之妖祥。以五云之物，辨吉凶、水旱降丰荒之祲象。以十有二风，察天地之和，命乖别之妖祥。（《周礼注疏》）

秦始皇派遣望气佐来占候云气，说明担任该职务的人必然懂得一定的望气知识，属于望气官之一：

> 入海求蓬莱者，言蓬莱不远，而不能至者，殆不见其气。上乃遣望气佐候其气云。（《史记·封禅书》）

到了汉代，灵台太史丞和十二位候气的灵台待诏构成了官方的主要望气人员，他们皆是太史的属官：

> 灵台待诏四十二人，其十四人候星，二人候日，三人候风，十二人候气，三人候晷景，七人候钟律，一人舍人。（《后汉书·百官志》）

总之，大部分帝王都设立了一套较为成熟的官方职业望气机构，对其构成、职责、考绩等都有详细规定。

02

为什么皇帝要如此重视望气？这与望气的内容有关。

最初，望气的内容是比较简单的。《说文解字》说："气，云气也。"而望气的最初观望对象就是气的本意，也即云气。

> 占气，观察云气、风色或各种气象以占验吉凶。（《中国方术大辞典》）

在古人看来，云乃气所生，而"清阳为天，浊阴为地。地气上为云，天气下为雨。雨出地气，云出天气"（《黄帝内经》），所以观察云的种种形象变化可以推知天地间阴阳二气的变化情况，进而知道吉凶。

后来，望气的概念有所扩大，凡是太阳或者月亮透过云层所产生的各种彩色光晕，以及雾、霭、霞、虹、霓等天文气象都属于其范畴，甚至湖泊水泽产生的水汽也成为望气的对象之一。

再后来，望气又发展出一项重要的内容：观察天子之气。

吾令人望其气，皆为龙虎，成五彩，此天子气也。（《史记·项羽本纪》）

有云象人，青衣无手，在日西，天子之气。（《史记·天官书》）

帝生时，有云气青色而圆如车盖当其上，终日，望气者以为至贵之证，非人臣之气。（《三国志·魏书·文帝纪》）

大定元年正月，季才上言："今月戊戌平旦，青气如楼阙，见国城上。俄而变紫，逆风西行。《气经》云："天不能无云而雨，皇王不能无气而立。"今王气已见，须即应之。（《北史·列传第七十七》）

天子气，内赤外黄正四方，所发之处，当有王者。若天子欲有游往处，其地亦先发此气……苍帝起，青云扶日。赤帝起，赤云扶日。黄帝起，黄云扶日。白帝起，白云扶日。黑帝起，黑云扶日。（《隋书·天文志》）

帝王气，气内赤外黄或赤云如龙，若有游幸处其地先见此云雾，或如城门隐，或如千石仓，皆常带杀气森森然如华盖。或如五色多在晨昏，见则如山镇，或如高楼，又如青衣垂手在日西，又如龟凤大人有五色，又营上气如龙马，或杂色郁郁冲天，其气多上达于天以旺相

日见。（《灵台秘苑》）

从史书中的种种记载可以得出一个结论：所谓"天子气"，其一是云的形状要特别，如华盖、如高楼、如青衣垂手等；其二是要有色彩。

在现代科学的研究之下，这些现象并不难解释：当天空有高而薄的"卷层云"时，日月的光从云中通过，会受到云里冰晶的折射，每一个冰晶都像一个光学棱镜，会把白光分解成红、橙、黄、绿、蓝、靛、紫等不同波长的彩色光线，这些光线折射到观察者眼里，就形成了彩色光团。当云层厚度均匀、布满全天时，我们又可以看到一个内红外紫的大晕圈（日晕），而分布不均时，就会出现孤立的彩色云。不过，在天人合一思想的影响下，不常见的云气和色彩就具有了极为重要的意义，与皇帝的身份联系起来，成了所谓的天子之气。

自商周起，古人便对天的力量十分敬畏，汉代又有董仲舒传播天人感应思想，天命这一观念深深影响着普通百姓。皇帝统治天下如果仅靠严刑峻法而不涉及思想的话，那是有隐患的，所以帝王往往都以真龙天子（天之子）的身份自命，要让民众信服这一点就要有证据，而"天子气"就是重要的证据之一。

而对于造反者而言，望到"天子气"又可以为新朝代取替旧朝代提供天命论的依据，以此来彰显"逆天改命"的合法性和神圣性，同样有利于取信于民，赢得更多百姓的支持：

秦始皇帝常曰"东南有天子气",于是因东游以厌之。高祖即自疑,亡匿,隐于芒砀山泽岩石之间。吕后与人俱求,常得之。高祖怪问之。吕后曰:"季所居上常有云气,故从往常得季。"高祖心喜。沛中子弟或闻之,多欲附者矣。(《史记·高祖本纪》)

舆论的营造对于新政权的确立和巩固无疑是极有利的,所以新的皇帝往往会时时渲染自己的"天子气"。

可见,刘邦的天子之气,不过是皇权斗争中的一件宣传工具罢了。